갈보리 십자가

제시 펜 루이스 | 지음
채 천 석 | 옮김

기독교문서선교회

기독교문서선교회(Christian Literature Crusade: 약칭 CLC)는
1941년 영국 콜체스터에서 켄 아담스에 의해 시작되었으며
국제 본부는 영국의 쉐필드에 있습니다.
현재 약 650여명의 선교사들이 59개 나라에서 180개의 본부를 두고,
이동도서차량 40대를 이용하여 문서 보급에 힘쓰고 있으며
이메일 주문을 통해 130여국으로 책을 공급하고 있습니다.
CLC는 청교도적 복음주의 신학과 신앙을 선포하는
국제적, 초교파적, 비영리 문서선교기관으로서, 하나님의 뜻에 합당한 책을 만들고
이 책을 통해 단 한 영혼이라도 구원되길 소망하며
이를 위해 주님이 오시는 그날까지 최선을 다할 것입니다.

The Cross of Calvary

By
Jessie Penn-Lewis

Translated by
Ch'ŏn-sŏk Ch'ae

Copyright © 1996 by Christian Literature Crusade
Originally published by Christian Literature Crusade
as *The Cross of Calvary* by Jessie Penn-Lewis
Translated by permission of Christian Literature Crusade
P.O. Box 1449, Fort Washington, Pa. 19034, U.S.A.

Korean edition
Copyright © 1998 by Christian Literature Crusade
Seoul, Korea

+ 역자서문 +

　　　　　　십자가는 흉악범을 처형하기 위해 페르시아인들이 사용했던 사형도구였다. 페르시아인들은 곡식을 수확하는 땅을 신성하게 여겼기 때문에 땅 위에 피를 흘리는 것은 한 해의 수확을 줄이는 결과를 가져온다고 믿었다. 그래서 그들은 흉악한 범죄자들을 높은 곳에 매달아 죽였다. 이러한 처형 방법이 로마 제국으로 흘러 들어간 것이다. 그렇지만 로마인들은 로마 시민 이외의 다른 나라 사람들만을 십자가에 처형했다. 그래서 전해 내려오는 이야기에 따르면 로마 시민권을 갖고 있던 바울은 칼로 죽임을 당했고, 유대인이었던 베드로는 십자가에 죽임을 당했다고 한다.

　범죄자를 처형하던 바로 그 십자가에서 예수님이 죽임을 당한 이래로 그것은 오히려 사랑의 상징이 되었다. 죄 없으신 주님이 죄인 된 우리를 위해 죽으심으로 십자가는 흉악범을 처형하는 도구가 아니라 사랑의 상징이 된 것이다. 예수님의 십자가상에서의 죽음은 하나님과 인간 사이에 화해의 길을 만들어 주었다. 하나님은 공의의 하나님이시고 죄의 삯은 사망이라고 했으므로 죄를 지은 우리들은 모두 멸망에 이를 수밖에 없었다. 그러나 하나님은 근본적으로 사랑의 하나님이시기에 우리 인간을 그냥 멸망에 이르도록 내버려두실 수가 없었다.

그래서 하나님은 예수님을 화목제물로 보내신 것이다. 아마 죽임을 당하시는 예수님의 모습을 하나님은 하늘에서 지켜보시고 계셨을 것이다. 그 마음이 얼마나 아프셨을까! 피조물 앞에서 발가벗긴 채 온갖 고통을 당하시는 독생자 예수님의 모습을 차마 지켜보지 못하고 얼굴을 돌리셨는지도 모른다. 예수님은 십자가의 고통이 너무도 커서 "하나님이여 하나님이여 어찌하여 나를 버리시나이까"라고 외치셨다. 이는 외관상 아버지 하나님에 대한 원망처럼 보인다. 하지만 그 외침은 원망의 절규가 아니라 사랑의 절규인 것이다. "아버지여 나를 십자가에 버리실 정도까지 이 죄 많은 인간들을 사랑하십니까?"라는 의미인 것이다.

이 하나님의 사랑 앞에 우리 인간들은 어떻게 해야 하겠는가? 은혜의 갈보리 앞에 나와야 할 것이다. 오직 갈보리의 십자가 앞에 나오는 것만이 멸망에 이르지 않고 생명에 이를 수 있는 길인 것이다. 인간의 종교와 철학, 완벽한 도덕이나 수양도 생명을 가져다주지 못한다. 독생자를 십자가에 죽게 하기까지 우리를 사랑하신 하나님의 사랑 앞에 나오는 것만이 영원한 멸망에 이르지 않을 수 있는 방법이다. 이 구원의 십자가는 오늘도 서 있다. 아니 세상 끝날 이후에도 서 있을 것이다. 갈보리의 십자가를 기억하자.

저자 제시 펜 루이스는 이러한 십자가의 의미를 복음주의적인 입장에서 성경 말씀을 들어 심도 있게 증거한다. 즉 구약에 제시

된 십자가에 대한 예언에서부터 요한계시록의 어린양에 이르기까지 십자가에 관한 구절을 차근차근 해석한다. 이러한 저자의 통찰력은 우리가 무심코 잊고 있었던 십자가의 사랑을 감동적으로 불러일으킨다. 아마 본서를 읽는 독자들은 처음 구원을 얻었을 때 가졌던 그 첫사랑을 다시금 일깨울 수 있을 것이다. 아울러 성경에 나오는 갈보리 십자가의 의미를 보다 확고히 이해할 수 있게 될 것이다.

목차

역자 서문 ✱ 5

제1장 | 갈보리와 예언된 십자가 ✱ 9

제2장 | 승천하신 그리스도에 의해 해석된 십자가 ✱ 25

제3장 | 십자가의 두 가지 모습의 메시지 ✱ 37

제4장 | 십자가와 율법 ✱ 49

제5장 | 그리스도와 함께 못박히는 것 ✱ 61

제6장 | 십자가와 살아 계신 그리스도 ✱ 69

제7장 | 십자가와 성령 ✱ 81

제8장 | 십자가의 삶 ✱ 93

제9장 | 세상에 대해서 못박힘 ✱ 105

제10장 | 십자가와 어둠의 세력 ✱ 119

제11장 | 십자가와 그 연속성 ✱ 133

제12장 | 십자가로의 부르심 ✱ 145

제13장 | 십자가에 대한 선포 ✱ 159

제14장 | 보좌 중앙에 있는 어린양 ✱ 171

01

"보라 세상 죄를 지고 가는 하나님의 어린양이로다"(요 1:29).

갈보리와 예언된 십자가

"해골(갈보리)이라는 곳에 이르러 거기서 예수를 십자가에 못박고" (눅 23:33).

그 시간이 마침내 다가왔다! 세상의 창조 시부터 죽임당하도록 예정된 어린양은 이제 세상이 보는 눈앞에서 죽임을 당하게 되었다. "헤롯과 본디오 빌라도 그리고 이방인들과 이스라엘 백성들은 하나님께서 예정하신 그 일을 행하려고"(행 4:27-28) 함께 모여 있었다.

이전에 수세기 동안 예언자들의 목소리와 전해져 오는 교훈 속에서 하나님은 이미 이런 끔찍한 시간을 예언했었다. 하나님은 거의 2천 년 동안이나 이 세상을 십자가에 되돌려 놓고 있다.

갈보리는 이 세상 역사의 중심축이다. 모든 앞선 역사는 이 십자가를 가리키고 있으며, 이어지는 모든 것들도 이 십자가를 가리키고 있는 것이다. 심지어 다가올 미래도 바로 이 십자가에 달려 있는 것이다. 왜냐하면 하늘로 구원받은 자들도 보좌의 중심에서 죽임당할 것처럼 서 있는 어린양을 보았을 때에 바로 그곳에서 천국의 중심을 발견하기 때문이다.

그리스도 예수께서 갈보리라고 불리는 그곳으로 끌려가기 7백 년 전에 이미 영감받은 하나님의 선지자는 그 십자가를 예언했었다. 그 선지자는 세상을 구원하시는 구원자에 대해서 그림을 보여주는 듯한 문장을 제시했다. 그러나 그가 세상에 왔을 때에—하나님께서 육체로 나타나셨을 때에—마음의 눈이 가려진 심령들은 그리스도를 알지 못했다.

선지자 이사야를 통해서 하나님의 영은 갈보리에 대한 빛의 홍수를 퍼부어 놓으셨다. 이사야는 십자가의 길과 속죄하는 희생 제사 그리고 열매들을 묘사했다. 그러므로 예언의 성경을 아는 모든 사람들은 그들이 영광의 주를 못박았을 때에 변명의 여지가 없는 것이다. 이사야의 예언은 "그리스도가 하나님의 정하신 뜻과 미리 아신 대로 내어준 바 되었다"(행 2:23)라고 분명히 말한다.

왜냐하면 하나님이 모든 선지자의 입을 통해서 그리스도가 고통받을 것을 이미 예언하셨기 때문이다. 갈보리에서 무법한 사람들이 생명의 왕을 못박고 죽였을 때에 이스라엘의 통치자들은 "그를 정죄함으로써"라고 안식일에 그들이 항상 읽는 선지자들의 예언 말씀을 성취시킨 것이다.

예언된 하나님의 어린양 (사 53:1-3)

"우리의 전한 것을 누가 믿었느뇨 그는 주 앞에서 자라나기를 연한 순 같고 마른 땅에서 나온 줄기 같아서 고운 모양도 없고 풍채도 없은즉 우리의 보기에 흠모할 만한 아름다운 것이 없도다 그는 멸시를 받아서 사람에게 싫어 버린 바 되었으며 간고를 많이 겪었으며 질고를 아는 자라 마치 사람들에게 얼굴을 가리우고 보지 않음을 받는 자 같아서 멸시를 당하였고 우리도 그를 귀히 여기지 아니하였도다."

"우리의 전한 것을 누가 믿었느뇨?", "누구에게 주의 팔이 드러났느뇨?"라고 선지자는 외치고 있다. 선지자는 자신이 하나님으로부터 들은 것을 전하고 있다. 그러나 그의 메시지와 보고 내용은 모든 인간들의 사상을 초월하고 있으며, 더욱이 모든 인간 사상과 대조되고 있다. 그래서 모든 인간들은 바로 이 계시가 누구에게 주어졌는가를 의아해한다. 사실 이 말씀은 하나님의 옛 시대 사신들에게 계시되었던 것이다. 그들이 그리스도의 고난과 그에 따르는 영광을 미리 증거했을 때에, 이는 수백 년 뒤에 십자가의 메시지를 들어야 하는 사람들에게 말씀하고 있는 것이다. 사도 베드로는 그리스도의 영이 선지자들의 마음속에서 그리스도께서 앞으로 이 땅에 오셔서 당할 그 고통에 대해서 미리 증거했다고 쓰고 있다(벧전 1:11-12).

하나님이 선지자 이사야에게 전한 700년 뒤에 있을 그 놀라운 이야기들을 사람들이 들었을 때에, 이사야는 인간의 마음에 가득할 여러 가지 질문들을 예견하고 있었다. "누가 믿었느뇨?", "누구에게 그것이 드러났느뇨?" 이사야는 하나님 앞에서 자라난 그리스도를 "부드러운 나무, 마른 땅에서 올라온 뿌리"로 묘사한다. 연한 나무, 즉 열매를 맺어야 하는 가지는 하나님께 대단히 소중한 것임에 틀림없다. 왜냐하면 하나님이 기뻐하시는 선택된 이스라엘의 포도나무는 하늘에 계신 하나님 아버지를 실망시켰으므로, 하나님의 소중한 포도원은 마른 터가 되어 버렸기 때문이다. 그러나 여기에 하나님 아버지께서 원하시는 열매를 맺을 이스라엘의 가지로부터 나온 순이 있다(사 11:1). 물론 그것은 사람들이 보기에 모양도 풍채도 흠모할 만한 아름다운 것도 없다.

하나님 아버지께 연한 순인 그리스도는 사람들에게 멸시를 받을 것이다. 그는 "간고를 많이 겪고 질고를 알게 될 것"이다. 그래서 사람들은 그를 거부하고 버릴 것이다. 왜냐하면 간고와 질고는 사람들에게는 매력적인 것이 못 되기 때문이다. 그 의로운 종은 하나님께는 매우 높임을 받을 것이나, 사람에게는 그 놀라움으로 인해 얼굴을 가리우고 보지 않으려 하는 사람처럼 될 것이다(사 52:14). 왜냐하면 그의 얼굴과 형태는 "사람의 아들들" 이상으로 손상을 입을 것이기 때문이다.

하나님의 그 거룩하신 분의 얼굴이 가시 면류관 때문에 얼마나 많이 손상되었을 것인가! 또한 얼마나 많이 그리스도의 신성한 몸의 형태가 병사들의 채찍으로 손상되었을 것인가! 그 채찍은 끝이

각진 고리와 예리한 입방체로 무장한 수백 개의 납덩어리로 만들어져 있다.

살인자들과 반란자들의 피로 검게 더럽혀진 기둥을 보라. 그들 희생자 주변을 바쁘게 돌아다니는 무례하고 야만스러운 사람들을 보라. 예수의 옷을 찢고 손을 묶으며 그 수치스러운 기둥에 그리스도의 자애로운 용모를 사정없이 묶는 그들을 보라. 그들은 그리스도를 끈으로 묶을 때에, 그가 옴짝달싹 못 하도록 단단히 묶고 있다. 보라! 15분 이상 계속 채찍을 내리치고 있다. 그 채찍은 이미 생긴 상처를 더욱 깊게 파들어 가고 있다. 그의 등 전체가 거대한 상처를 보일 때까지 채찍은 뼈가 보일 정도로 내리쳐지고 있다. 그 때에 진홍색 겉옷이 고통하고 있는 고난자의 몸에 던져진다. 길게 늘어진 가시 면류관의 잔가지는 주기적으로 뒤틀리어 그의 이마를 조인다.

그러므로 그의 얼굴은 손상되었고, 그의 형체는 사람의 아들들 이상으로 손상을 입었다. 선지자 이사야는 그의 고통의 시간을 "주 여호와께서 나의 귀를 열으셨으므로 내가 거역지도 아니하며 뒤로 물러가지도 아니하며 나를 때리는 자들에게 내 등을 맡기며 나의 수염을 뽑는 자들에게 나의 뺨을 맡기며 수욕과 침뱉음을 피하려고 내 얼굴을 가리우지 아니하였느니라 주 여호와께서 나를 도우시므로 내가 부끄러워 아니하고 내 얼굴을 부싯돌같이 굳게 하였은즉 내가 수치를 당치 아니할 줄 아노라"(사 50:5-7)고 말하면서 "슬픔의 사람"에 관한 말을 예언하고 있다. 인간들이 그들의 얼굴을 그리스도로부터 감추었으나, RV 성경 난외주에는 "그가 우리들로부터 그의 얼굴을 감추었다"라는 의미로 쓰고 있다. 변화산에서 해처럼 빛났던 그의 얼굴을 보았던 사람들은 그의 손상된 몰골 속에서 감추어진 영광을 기억했을까? 아니다. 그들은 그를 존중하지도 않았고, 오히려 그 수치의 순간에 그를 버리고 도망가 버렸다.

십자가의 길로 나아갔던 "슬픔의 사람"에 대한 하나님과 인간의 평가는 선지자와 성령에 의해서 대속적인 죽음의 목적이 분명하게 예견되고 있다.

십자가의 죽음(사 53:4-6)

"그는 실로 우리의 질고를 지고 우리의 슬픔을 당하였거늘 우리는 생각하기를 그는 징벌을 받아서 우리에게 맞으며 고난을 당한다 하였노라 그가 찔림은 우리의 허물을 인함이라 그가 징계를 받음으로 우리가 평화를 누리고 그가 채찍에 맞음으로 우리가 나음을 입었도다 우리는 다 양 같아서 그릇 행하여 각기 제 길로 갔거늘 여호와께서는 우리 무리의 죄악을 그에게 담당시키셨도다"(4-5절).

성령은 그리스도의 고통의 원인과 목적에 대해서 의심의 여지를 두지 않는다. 대속이라는 용어를 실제로는 사용하지 않았지만, 그러한 용어의 의미가 분명하게 나타나 있다. 손상된 형체를 가지신 바로 그분이 다른 사람들의 슬픔과 고통을 짊어지고 있는 것이다. 그가 찔림은 우리의 허물을 인함이요 그의 상처는 우리의 죄악 때문이다.

> "우리는 다 양 같아서 그릇 행하여 각기 제 길로 갔거늘 여호와께서는 우리 무리의 죄악을 그에게 담당시키셨도다"(6절).

이사야는 찔리고 상처입은 그분을 바라보라고 말했을지라도 이 말씀을 외칠 때에 자신이 전 인류를 위한 대언자가 되고 있다는 사실을 실제적으로는 알지 못했던 것이다. 우리는 그의 고통을 본다. 그가 징벌을 받고 맞으며 고난을 당한다고 생각한다. 그렇지만 누가 그릇 행하여 제 길로 갔는가? 우리가 아닌가! 그러나 하나님은 그분—거룩한 하나님의 아들—에게 우리 모두의 허물과 죄악을 담당시키셨다. 그러므로 이제 우리는 에덴동산에서의 인간의 타락과 그로 인한 결과, 그리고 십자가의 원인과 목적을 간단하게 서술해 볼 필요가 있다.

하나님으로부터 떠나는 것은 바로 죄의 본질이 된다. 모든 사람들이 제 길로 간 것은 결국 허물과 사악으로 귀결된다. 첫째로, 모든(All)이란 세상에 태어난 모든 사람들을 포함한다. 둘째로, 모든(All)이란 말은 죄의 저주 아래 있는 각 사람들을 위한 그리스도의 속죄하시는 희생을 선포한다.

십자가의 죽음 (사 53:7-9)

"그가 곤욕을 당하여 괴로울 때에도 그 입을 열지 아니하였음이여 마치 도수장으로 끌려가는 어린양과 털 깎는 자 앞에서 잠잠한 양같이 그 입을 열지 아니하였도다 그가 곤욕과 심문을 당하고 끌려갔으니 그 세대 중에 누가 생각하기를 그가 산 자의 땅에서 끊어짐은 마땅히 형벌받을 내 백성의 허물을 인함이라 하였으리요."

이사야는 지금 고통받는 자의 죽음에 대한 순종을 묘사하고 있다. 그는 그리스도를 털 깎는 자의 손안에 있는 양으로 생각한다. 그 양은 말이 없고 수동적이다. 또한 이사야는 그리스도를 도살장으로 끌려가는 한 마리 양으로 묘사하고 있다. 그 양은 순진하고 연약하다. 하나님과 동등하신 그리스도는 자신을 그렇게 두지 않고, 온전히 자신을 비워 인간의 모습으로 오셨다. 그는 인간이 되셔서 심지어 자신을 죽기까지 낮추시고, 인간의 손안에 든 희생자로서 도살장으로 끌려가는 것까지 동의하셨다. 이 예언이 어떻게 문자적으로 성취되었는가를 복음서는 상세히 소개하고 있다.

그리스도는 참소당할 때에 빌라도 앞에 서서 아무런 응답도 하지 않으셨다. 그러므로 그 통치자조차도 놀라워했다. 그는 억압적인 재판으로 인해 도시 바깥의 갈보리라 불리는 곳으로 끌려갔다. 그의 세대들—예수님 자신의 백성과 그 시대—은 그들 한가운데서 시행되고 있는 이 비극적인 일을 어느 정도나 깨달았을까? 인생의 최전성기에 산 자의 땅에서 끊어진 그분이 마땅히 그 매를 맞아야 할 사람들의 죄 때문에 그렇게 되었다는 것을 얼마나 깨달았으랴(사 53:8)!

끔찍한 그 순간에 예루살렘에 있던 많은 사람들은 그들이 십자가에 못박은 그 인자에 대한 묘사를 이미 선지자들이 자세히 해놓은 성경을 곰곰이 생각이나 해보았겠는가?

그러나 고통받는 인자는 그 모든 것을 알았다! 그는 자신의 행로의 모든 단계가 "성경에 그에 대해서 기록된 대로 되어져야 할" 필요가 있다고 말했다. 그가 예루살렘으로의 마지막 여행을 떠나려고 마음을 정했을 때에 그는 "보라 우리가 예루살렘으로 올라가나니 선지자들로 기록된 모든 것이 인자에게 응하리라 인자가 이방인들에게 넘기어 희롱을 받고 능욕을 받고 침 뱉음을 받겠으며 저희는 채찍질하고 죽일 것이니"(눅 18:31-32)라고 말씀하셨다. 주님은 가롯 유다가 그를 팔아 넘겼을 때에도, 그리고 그의 제자들이 그를 버렸을 때에도 "쓰여진 대로 되는 것"이라고 말씀하셨다. 또한 죽음에서 부활하신 후에 제자들과 함께 있을 때에도 그들로 하여금 그의 십자가를 준비시킨 것을 다음과 같이 말하여 상기시켰다. 그리스도와 관련하여 "모세의 율법과 선지서와 시편에 쓰여진 모든 것이 성취되어야 할 것이니라"(눅 24:44).

이사야는 그리스도의 고통과 죽음을 예언했을 뿐만 아니라 더욱이 그의 장사의 방법도 예언했다. 그의 무덤은 사악한 자와 함께 있게 될 것이고, 인간으로부터 거부당하고 멸시를 당하게 될 것이며, 죽었을 때에 부자의 묘실에 있게 될 것이라고 예언했다. 이 모든 것이 문자 그대로 성취되었다. 하나님의 뜻을 이루기 위해 준비된 도구는 존경받는 고문관이었던 아리마대 요셉에게서 발견되었다. 그는 하나님의 나라를 찾고 있는 사람 중의 한 사람이었으며(막 15:43), 주 예수의 은밀한 제자 중 한 사람이었다고 전해진다.

사실 아리마대 요셉은 그 의로운 자를 정죄한 공의회의 일원이었다. 그러나 그는 그들 공의회의 결정과 행동에 동의하지 않았다. 그는 고통당하는 신의 경이로운 침묵을 보고 통치자와 함께 놀라움을 금치 못했다. 그리고 마음속으로는 예수에 대하여 죽음에 처할 만한 특별한 명분이 없다고 평결한 빌라도의 생각을 공유했었음에 틀림없다. 그를 고소하는 이들로부터 그 희생자(예수님)를 구하지 못한 요셉은 사형 선고가 시행되자마자 그가 할 수 있는 모든 것들을 다하였다. 그는 빌라도에게 담대히 나아가 예수님의 몸을 요구하고, 나아가서 자신의 새로운 무덤에 예수님의 시신을 경외함으로 안치했다.

하나님의 준비된 양(사 53:10)

"여호와께서 그로 상함을 받게 하시기를 원하사 질고를 당케 하셨은즉 그 영혼을 속건 제물로 드리기에 이르면 그가 그 씨를 보게 되며 그날은 길 것이요 또 그의 손으로 여호와의 뜻을 성취하리로다."

아브라함은 모리아 산에서 이삭에게 "하나님이 준비하실 것이다"라고 말했고, 이사야는 때가 차서 드러날 하나님에 의해서 준비될 어린양을 예언했다. 사람들로부터 멸시와 거부와 학대를 받고, 산 자로부터 끊어짐을 당하여 용모가 손상된 그는 하나님의 계명에 의해 이스라엘 사람들이 날마다 드리는 희생제사의 모형, 즉 속죄제로 묘사된다.

이제까지는 예배자들이 희생물을 가지고 나와야 했다. 그러나 하나님이 어린양을 준비하시고 그에게 모든 죄악을 담당시키신 후에는, 그 사실을 받아들이는 것 외에 우리가 할 일은 아무것도 없다. "연한 나무"로 하나님 아버지 앞에서 자란 그리스도는 여호와의 분명한 뜻에 의해서 질고를 메게 되었다. 그가 상하는 것은 하나님의 주권적인 기쁨이었다.

이 장에서 우리는 갈보리에서 그 아들을 아낌없이 내어주실 정도로 우리를 사랑하신 하나님 아버지의 입장을 알 수 있다. 앞장에서 우리는 아들의 자발적 희생을 예언한 것을 보았다. 즉 "스스로 낮추시고", 도살장으로 끌려가는 어린양처럼 자신을 죽기까지 내어주셨고, 털 깎는 자 앞에 잠잠히 서 있는 한 마리 양처럼 입을 열지 않으셨다.

십자가의 열매 (사 53:11)

"가라사대 그가 자기 영혼의 수고한 것을 보고 만족히 여길 것이라 나의 의로운 종이 자기 지식으로 많은 사람을 의롭게 하며 또 그들의 죄악을 친히 담당하리라."

십자가의 또 다른 측면이 이 말씀에서 언급되었다. 갈보리는 지금 하나님의 율법과 일치되어 보인다. 즉 열매를 위한 희생의 법이 된다는 것이다. 학대받고 질고를 당한 그리스도는 존재로 이끌려진 씨를 통해서 그의 날을 길게 했고, 그의 형상을 닮은 열매를 추구함으로써 주의 기쁨을 그의 손안에서 번성시키려 했다. 하나님의 형상을 닮아 창조된 인간 존재와의 교제를 원하시는 창조주의 소원은 여호와의 마음과 성품의 계시에 있어서 하나의 커다란 신비 중 하나가 된다. 삼위일체 하나님은 말씀으로 창조된 그 아름다운 세계가 그의 앞에 놓였을 때에, "우리의 형상을 따라 우리의 모양대로 우리가 사람을 만들고"(창 1:26)라고 말씀하셨다. 그때는 그의 마음에 합할 그 이상의 존재가 없었다.

"그가 그의 씨를 볼 것이다", "그는 그의 영혼의 고통을 보고 만족케 될 것이다"라는 말은 하나님과 인간의 마음속에 있는 동일한 소원을 드러낸 것이다. 첫번째 창조물의 타락으로 근심하고 있던 그는 새로운 족속의 탄생을 위해서 갈보리에서 그의 생명을 주신다. 이는 이탈하여 각자 제 갈 길로 돌아선 사람들의 재창조를 의미한다. 죽음으로 인간의 죄악을 짊어지심으로써 많은 의로운 자들을 세우신 그는 고통의 열매를 보고 만족하신다.

첫 사람 아담의 타락한 자녀들을 위한 새로운 거듭남은 그의 공개적인 지상 사역의 초기에 예수 그리스도 자신이 십자가의 열매가 됨을 선포하는 것이다. 그 당시에 우리 주님은 죄인들이 거듭나야 할 것과 그들에게 영생의 근원이 되기 위해서 인자가 들려져야 한다는 것을 니고데모에게 말했다.

십자가의 승리 (사 53:12a)

"이러므로 내가 그로 존귀한 자와 함께 탈취한 것을 나누게 하리니 이는 그가 자기 영혼을 버려 사망에 이르게 하며 범죄자 중 하나로 헤아림을 입었음이라."

여기서 우리는 갈보리의 또 다른 측면을 보게 된다. 이 절에서 "강한"이란 의미의 또 다른 용어를 언급하였는데, 이는 전쟁과 싸움에서 획득한 전리품을 나누는 것을 암시한다. 이사야는 그 밖에 다른 곳에서 "강포자의 빼앗은 것"과 "포로된 자"를 구원하시는 전능자에 대해서 말하고 있다(사 49:24-25). 전리품은 "고난의 사람"에게 주어지는데, 왜냐하면 그는 죽음으로 그의 영혼을 쏟아 부었고 죄인과 함께 되었기 때문이다.

갈보리는 치유되어야 할 우리의 죄악을 짊어지신 곳으로 죄에 대한 희생 제사를 통해서 우리를 의롭게 한 곳이며, 하나님의 아들을 닮은 새로운 족속의 탄생을 위한 고통이 있었던 곳이다. 즉 무서운 적에게 사로잡혀 있는 자들을 구원하기 위해서 적과의 싸움이 있었던 곳인 것이다. 또 다른 성경에 따르면 다윗은 계시 속에서 승천하신 그리스도가 높은 곳, 곧 "갇힌 자들"을 성소로 이끄시는 모습을 보았다고 기록되어 있다. 그리고 히브리서의 영감받은 저자는 "죽음을 통해서 악마를 파멸시키고", 죽음에 대한 두려움으로 일생 동안 노예 상태에 종속되어 있는 모든 이들을 구원해 낸다고 말한다(히 2:15).

그가 죄인으로 간주되었기 때문에 강한 자로부터 그 전리품을 빼앗을 수 있었다고 쓰여 있다. 하나님 아버지에 대한 완벽한 순종으로 그는 고통과 죽음의 잔을 수락하고 받아 마셨다! "죄를 알지도 못하신 자로 우리를 대신하여 죄를 삼으신 것"(고후 5:21)을 우리가 어찌 측량하리요? 갈보리는 우리에게 사악한 것에 대한 그리스도의 승리의 원인을 한 가지 알게 한다. 사탄은 "가장 높은 자"로 추앙되기를 바란다. 그러나 하나님의 아들은 자신을 낮추어 가장 낮은 곳에 처하기를 원하셨다. 그러므로 하나님은 그를 지극히 높여 모든 이름 위에 뛰어난 이름을 그에게 주셨다. 또한 이 땅에서 가장 심각한 수치였던 갈보리가 하늘에서 높임을 받게 되었다.

하늘에서의 십자가의 효력(사 53:12b)

"그러나 실상은 그가 많은 사람의 죄를 지며 범죄자를 위하여 기도하였느니라."

이 짧은 문장에서 우리는 베일에 가려 있는 갈보리의 승리에 대한 천상의 모습을 잠깐 볼 수 있다. 또한 주님이 하나님 앞에서, 그가 위해서 죽은 사람들을 위해 중보하시는 모습도 볼 수 있다.

"죄인처럼 세신 바 된" 그는 죄인들을 위해 중보기도하셨고, 죄인들과 슬픔을 같이 느끼셨으며, 이 땅에서 사람으로 계실 때 모든 점에서 그들 인간처럼(그러나 죄는 없으신) 미혹과 고통을 받으셨다.

*   *   *   *

우리는 십자가로 나아가자. 이사야의 예언 속에서 던져진 십자가의 빛으로 나아가 보자. 앞에 놓인 기쁨을 위해 그 멸시의 십자가를 참으신 그리스도를 바라보자. 때가 차매 이 세상에 오시어 "이제 모든 것이 이루어졌다"라고 외치시는 신인(God-Man)이신 주님의 음성을 들으라. 그는 구원의 역사를 마치신 후에 그의 머리를 숙이셨고, 아버지의 손에 그의 영혼을 맡기셨다. 우리는 그가 아버지의 예비된 양이요 죄인을 위한 속죄 제물임을 안다. 어느 인간들보다 더욱더 상처의 흔적을 가지신 주님은 우리의 죄악을 위해 친히 상처입고 고통당하셨다. 우리는 그의 매맞음으로 인해 나음을 입은 것이다.

*   *   *   *

예수님이 십자가상에서 죽으신 후, 오순절 날이 막 지난 후에 한 권세 있는 자가 사막에서 마차를 타고 가고 있었다. 그는 이사야의 예언을 읽고 있었다. 그리고 그가 "그는 도살장으로 끌려가는 한 마리 양과 같았다", "그의 생명이 취해졌다"라고 쓰여 있는 말씀에 다다랐을 때에, 빌립이라고 하는 주의 제자중 한 명이 그에게 가까이 다가가 성령의 명하심에 따라 마차에 탑승했다. 내시 옆에 앉은 빌립은 그에게 이사야의 예언에 대해 설교했다. 빌립은 성령께서 주신 십자가의 전조와 성령께서 가르쳐 준 메시지를 내시의 마음에 전했다(행 8:26-35).

즉 성령께서 이사야가 하나님의 아들 그리스도에 대해 예언한 말씀을 증거한 것이다.

"주의 영광을 보고 주를 가리켜 말한 것이라"(요 12:41).

02

"그러하나 진리의 성령이 오시면 그가 너희를 모든 진리 가운데로 인도하시리니
그가 자의로 말하지 않고 오직 듣는 것을 말하시며
장래 일을 너희에게 알리시리라"(요 16:13).

승천하신 그리스도에 의해 해석된 십자가

"형제들아 내가 너희에게 알게 하노니 내가 전한 복음이 사람의 뜻을 따라 난 것이 아니라 이는 내가 사람에게서 받은 것도 아니요 오직 예수 그리스도의 계시로 말미암은 것이라"(갈 1:11-12).

우리는 그리스도의 영이 옛 시대 선지자들 속에 있었다는 사도 베드로의 말씀을 이미 보았다. 옛 선지자들은 그리스도의 고난과 다가올 그 영광에 대해서 미리 증거했다. 그 증거는 그의 시간이 되었을 때에 십자가에서 죽음을 겪으실 뿐만 아니라 세상의 시작부터 자신과 관련된 예언의 영이 되시는 하나님의 아들이심을 드러냈다. 성령으로 그는 세상에 자신을 드러내시기 수세기 전에, 다가올 그의 십자가의 설교를 영감시키셨다. 이것은 그의 수난 전에 그렇게 되었기 때문에, 그가 사람들의 지혜에 그리스도의 십자

가에 대한 해석과 선포를 전적으로 의탁하고 자신의 죽음 후에 하늘로 승천하신 것은 아니다.

사도들은 그의 수난의 목격자이다. 그러나 그들이 각각 자기들 나름대로 생각하는 십자가의 의미를 설교하도록 내버려진 것은 아니다. 오순절 날에 마가의 다락방에서 축복받은 삼위일체의 제3위―아버지로부터 나온 진리의 영―는 사역을 준비시키기 위해 증거할 수 있는 선택된 자들을 사로잡으셨다. 이 땅의 구속받은 사람들을 위해 아버지께서 아들에게 주신 선물인 성령은 십자가에 달리신 분에 대해 증거하기 위해 스스로 나오신 분이시고, 또한 주님의 제자들을 통해 그의 죽음과 부활을 증거하기 위해서 오신 것이다. "너는 위로부터 내리시는 성령의 능력을 받을 것이요 그리하면 너는 내 증인이 되리라"고 부활하신 그리스도께서 말씀하셨고, 이제 성령의 능력을 받은 우리는 예수 그리스도의 죽음과 부활에 대해 증거할 수 있는 선택된 증인이 된 것이다.

"너희들이 십자가에 못박아 죽였으나 하나님이 살리셨느니라"(행 2:23-24). "하나님은 너희가 십자가에 못박은 예수를 주와 그리스도가 되게 하였느니라"(행 2:36). "너희가 거룩하고 의로운 자를 부인하고 도리어 살인한 사람을 놓아주기를 구하여 생명의 주를 죽였도다 그러나 하나님이 죽은 자 가운데서 살리셨으니 우리가 이 일에 증인이로다"(행 3:14-15).

이것이 성령의 분배에 의해 그리고 십자가에 못박히시고 부활하신 하나님의 아들을 통하여 행해진 이적과 기적에 의해 증거된 메시지의 요지인 것이다. 은혜와 능력으로 특별히 충만했던 스데반은 십자가에 못박혀 죽으신 그리스도를 유대 공의회 앞에서 증거함으로써 사람들 가운데 커다란 이적과 기적을 일으켰다. 그리고 그는 자신을 위해서 죽으신 그리스도를 위해 생명을 내어놓으면서 그에 대한 증거를 성취시켰다.

십자가의 열매는 스데반의 죽음을 통하여 현저하게 촉발되었다. 그의 죽음을 시작으로 하나님의 아들의 희생에 대한 충분한 의미를 능력 있게 선포하는 사람이 생겨났다. 스데반의 죽음에 이은 바리새인 사울의 개종으로 우리는 십자가의 메시지가 하나님의 능력이라는 객관적 교훈을 얻게 되었다. 왜냐하면 그것은 증인들에게 부여된 십자가의 영이 서로 협력하여 다른 사람의 영 속에 십자가의 열매를 맺게 했기 때문이다. 즉 십자가의 메시지는 성령에 의해 말씀된 십자가의 말씀인 것이다.

바리새인 사울은 스데반이 "주여 처들에게 이 책임을 돌리지 마옵소서"라고 기도하는 소리를 들었을 때에 순교자 스데반을 통해 예수 그리스도의 고통을 목격했을 것이다. 예수님은 십자가상에서 "아버지여 저들의 죄를 용서해 주소서 저들은 저희 하는 것을 알지 못하나이다"라고 말씀하시면서 자신을 십자가에 못박은 사람들을 위해 기도하셨다.

우리는 그날에 양심의 가책이라는 화살이 사울의 마음을 찔렀을 것이라고 믿는다. 그리고 갑자기 다메섹 도상에서 부활하신 그리스도를 만나 "사울아 사울아 어찌하여 나를 핍박하느냐"라는 음성을 들었을 때에, 사울은 그가 순교자 스데반 속에서 그리스도의 영을 보았던 것을 상기시켰을 것이다. 그렇게 해서 하나님의 "선택된 그릇"은 십자가의 발 밑에 나오게 된 것이다. 하나님은 십자가의 놀라운 이야기를 예언하도록 선지자 이사야를 선택하시고 준비시키셨다. 그 결과 선지자 이사야는 하나님의 어린양의 특징을 부드러운 언어로 묘사하게 되었다. 또한 주님은 바울을 통해서도 십자가의 메시지를 받고 선포하도록 선택하시고 쓰셨다. 이렇게 이사야와 바울은 각각 하나님과의 개인적인 만남—이사야가 단지 "화로다 나여"라고 외치고 사도 바울이 "내 안에 선한 것이 거하지 않는도다"라고 말한 자기 공포를 불러일으킨 만남—을 통해 하나님의 특별한 사역을 위해서 준비했던 것이다. 그리고 둘 다 동일하게 하나님께 완전히 순복했다. 즉 이사야는 "내가 여기 있나이다, 나를 보내소서"라고 말했고 바울은 "주여 내가 무엇을 하기를 원하시나이까"라고 말했다.

자기 백성에 대한 이사야의 쓰디쓴 눈물과 이스라엘의 어리석음에 대한 바울의 영혼의 고통은 두 사람의 깊은 고통과 하나님의 봉사에 대한 전적인 자기포기, 그리고 하나님의 영의 가르침을 받고 소통하는 영을 참으로 크게 받았음을 보여준다. 각각 그들에게 주어진 갈보리의 의미를 보면 이사야는 싹틈으로, 바울은 충만한 열매로 주어졌다. 또한 그들은 그리스도의 영으로 영감받았는데, 전자는 그리스도의 고통을 미리 예시하는 것으로, 후자는 그의 죽음의 영광스러운 결과를 해석하는 것으로 영감받았다.

그러므로 우리는 다음과 같이 바울이 강조하면서 선언하는 것이 그리 놀랍지가 않다. 즉 그가 전파하는 복음은 사람에게서 난 것도, 사람으로부터 받은 것도 아니다. 심지어 그리스도의 고통을 목격한 사람들로부터 온 것도 아니요 사람으로부터 가르침받은 것도 아닌 것이다. 그것은 오직 예수 그리스도의 직접적인 계시에 의해서 자신에게 주어졌다. 그러므로 바울은 갈라디아 교인들에게 "너희들이 나에게 듣는 복음은 사람으로부터 난 것이 아니요 하나님으로부터 나온 것이니라…부활한 그리스도께서 나에게 개인적으로 드러내셨느니라"(갈 1:11-24에 대한 의역)라고 말하고 있다.

하늘로 올라가셨지만 그의 거룩한 몸 위에 수난의 흔적을 갖고 계신, 부활하시고 승천하신 주님이 바울에게 그의 죽음의 목적을 해석하게 하심으로 그 슬프고 엄숙한 사실을 우리는 알게 되었다. 바울의 서신 속에 표현된 갈보리의 메시지를 우리가 명심하고 묵상한다면, "십자가의 말씀"은 참으로 우리에게 "하나님의 능력"이 될 것이다.

바울을 통해 전파된 십자가의 복음이 우리 주님에 의해 직접적으로 전달되었다는 사실은 바울이 예루살렘으로 그리스도의 제자들을 방문했을 때에 나타난 결과로 충분히 입증된다. 바울은 자신이 이방인들 중에 전파한 복음을 사도들 앞에서 내어놓을 것을 "계시에 의해"(갈 2:2) 명함받고, 그것을 이행하고 나서야 자신이 부활하신 주 예수에 의해 충만한 가르침을 받았다는 사실을 알게 되었다.

그리스도의 죽음을 지켜보았던 제자들은 죽음에서 부활하신 그리스도와 함께 이야기를 나누었고, 오순절 날에는 성령으로 충만하게 되었다. 한편으로 그들은 선택된 주의 사람들에게 주님의 사랑의 메시지를 선포하는 것 외에는 아무것도 할 것이 없었다. 제자들은 그리스도의 사랑 이외에는 전달할 것이 아무것도 없었을 뿐만 아니라, 바울에게 주어진 은혜를 알았고 바울이 참으로 "복음으로 인증되었다"(갈 2:6-8)는 사실을 깨달았다. 그래서 그들은 바울에게 전파된 복음이 모든 사도들에게 전파된 복음—예수 그리스도에 의해 확실하게 그들에게 주어진 복음—과 잘 조화를 이루고 있음을 항상 확증하면서 "교제의 악수"를 바울에게 청했다. 수난 후에 그리스도는 40일 동안 이 세상에 계시면서 제자들에게 나타나셔서 하나님의 나라와 관련된 것들을 말씀하셨다(행 1:3).

우리는 갈보리의 메시지가 주의 직접적인 계시로 바울에게 주어졌기 때문에, 그것이 바울의 삶을 온통 지배하여 그의 모든 서신의 구조 속에 꽉 짜여 있다는 것을 그리 놀라워하지 않는다. 실제로 죽은 것을 보지는 못했을지라도 인간이자 신이신 하나님을 생각하며, 바울은 뜨거운 마음과 불타는 열정과 성령의 분명한 조명 하에 주의 십자가와 수난을 전파했다. 그래서 그는 갈라디아 교인들에게 "예수 그리스도께서 십자가에 못박히신 것이 너희 눈앞에 밝히 보이거늘"이라고 말했던 것이다.

우리가 주님에 대해서 경건한 마음으로 그의 말씀을 들을 때에 성령 하나님께서는 그의 죽음을 해석한 바울을 통해서, 그의 메신

저를 통해서 십자가의 죽음에 관하여 다시 증거하시는 것이다!

자연인에 대한 십자가

"육에 속한 사람은 하나님의 성령의 일을 받지 아니하나니 저희에게는 미련하게 보임이요 또 깨닫지도 못하나니 이런 일은 영적으로라야 분변함이니라"(고전 2:14).

"십자가의 도가 멸망하는 자들에게는 미련한 것이요 구원을 얻는 우리에게는 하나님의 능력이라"(고전 1:18).

"유대인은 표적을 구하고 헬라인은 지혜를 찾으나 우리는 십자가에 못박힌 그리스도를 전하니 유대인에게는 거리끼는 것이요 이방인에게는 미련한 것이로되"(고전 1:23).

바울은 예수 그리스도의 직접적인 계시로 주의 복음을 받았음에도 불구하고 보통 자연인들이 받는 그런 망상에 사로잡혀 있지는 않았다. 그는 이사야처럼 "주의 팔"로서의 십자가는 성령에 의해서만 계시되어야 한다는 사실을 알고 있었다. 왜냐하면 불신 자녀들의 어두워진 지성(엡 4:18)과 반역적인 의지는 전체 메시지를 단지 어리석게만 볼 것이기 때문이다.

"다른 사람의 죽음을 통한 구원? 그것은 모든 정의와 모순되는 것이다! 인간이 스스로를 구원하지 못하다니! 아니야, 그것은 모두 어리석은 일이야!"

유대인에게 십자가의 말씀은 훨씬 더 커다란 걸림돌이 되었을 것이다. "매달린 것은 하나님이 보시기에 저주받은 것"이라고 그들의 성경에 쓰여 있지 않은가? 바울은 십자가에 못박힌 메시아를 유대인들에게 전파할 때에, 그의 입을 통해 반복해서 "하나님으로부터 저주받은" 혹은 "하나님의 욕된"이란 말을 썼다. 사실 유대인들은 주 예수를 언급함에 있어서 신명기 21:23의 히브리 원어에서 발견되는 "교수대에 매달린 사람"이라는 이름으로 메시아를 종종 불렀다.

성령의 조명에서 떠난 유대인들은 신명기의 바로 그 말씀이 갈보리의 나무 위에서 "우리를 위해 저주를 받으신" 그리스도의 십자가를 의미한다는 것을 깨닫지 못했다. 그러나 유대인들은 세상에 와서 왕으로서 통치하시는 메시아를 찾고 있었다. 이사야의 예언을 읽으면서 오직 그들은 영광의 그림자와 오실 메시아의 왕권만을 바라보았다. 유대인들은 메시아를 찾고 있었지만 오직 그들에게 알려진 권위의 징표만을 미리 품고 있었다. 그래서 유대인들은 주 예수께 계속해서 "하늘의 표징을 자신들에게 보일 것을" 요구했다. 하지만 그리스도는 고통스럽게도 "거기에는 요나의 징표 외에는 어떤 징조도 주어지지 아니할 것이다"라고 말씀하셨던 것이다. "그때에 서기관과 바리새인 중 몇 사람이 말하되 선생님이여 우리에게 표적 보여주시기를 원하나이다 예수께서 대답하여 가라사대 악하고 음란한 세대가 표적을 구하나 선지자 요나의 표적밖에는 보일 표적이 없느니라 요나가 밤낮 사흘을 큰 물고기 뱃속에 있었던 것

같이 인자도 밤낮 사흘을 땅 속에 있느니라"(마 12:38-40).

갈보리와 무덤은 선지자 이사야가 예언했던 것으로 선지자 요나의 신비스러운 경험으로 다시 한번 묘사되었다. 그것은 메시아를 알 수 있도록 하나님으로부터 약속된 특별한 "징조"였다. 그러므로 이사야는 이스라엘에 대해 이렇게 쓰고 있다. "너희가 듣기는 들어도 깨닫지 못할 것이요 보기는 보아도 알지 못하리라…그러나 너희 눈은 봄으로 너희 귀는 들음으로 복이 있도다"(마 13:14-16).

"유대인은 징조를 원했으나" 하나님으로부터 계시된 징조를 볼 수 있는 눈을 갖지 못했으며, "헬라인은 지혜를 구했으나" 십자가의 예수가 하나님의 능력과 지혜가 됨을 알지 못했다고 바울은 쓰고 있다.

십자가와 인간의 지혜

"십자가의 도가 멸망하는 자들에게는 미련한 것이요 구원을 얻는 우리에게는 하나님의 능력이라"(고전 1:18).

십자가에 못박힌 메시아의 이야기를 매우 적대감을 갖고 거부했던 바리새인 바울은 하늘의 계시로 십자가의 목적을 깊이 보게 되었다. 그는 십자가를 에덴의 타락의 원인에 대항하는 여호와의 경이로움으로 보고 있다.

"여자가 그 나무를 본즉 먹음직도 하고 보암직도 하고 지혜롭게 할 만큼 탐스럽기도 한 나무인지라"(창 3:6).

하나님께서 정해 주신 한계를 넘어선 인간의 지식의 욕구는 에덴의 타락 원인 중 하나였다. 그 욕구는 아담으로부터 오늘날까지도 계속된다. 그래서 지적인 교만은 아직도 인간과 창조주에 대한 지식 사이의 장애물이 되고 있다.

"십자가를 통한 구원"은 그의 타락한 피조물들의 지식의 교만에 대한 전지하신 창조주 하나님의 경이로움이다. 왜냐하면 십자가라는 말 자체가 인간의 지혜를 하찮게 만들어 버리고 무(無)로 돌리는 하나님의 능력이 되기 때문이다. 하나님의 능력으로서의 십자가는 본성으로서의 인간 이해를 초월하고 있다. 그러므로 인간은 창조주 앞에 그의 지성을 포기하고 여호와의 말씀에 관한 메시지를 받아들여야 한다. 하나님의 어리석음이 인간의 현명함보다 더 현명하다고 성경은 말한다. 하나님에 의해서 모든 인간이 자기 자신을 알게 될 바로 그날에 인간적인 추론으로는 어리석게 보이던 모든 것이 하나님의 가장 위대한 지혜가 될 것이다.

십자가의 말씀은 하나님의 능력이 된다. 또한 바로 그 십자가를 통해서 전지하신 하나님은 이미 세상의 지혜를 어리석게 만드셨다. 왜냐하면 인간의 지혜를 통해서는 세상이 전적으로 하나님을 아는 것에 실패하기 때문이다. 표명된 그 사건의 어리석음을 통해서 믿는 이들을 구원하시는 것이 하나님의 선하신 기쁨이 된다. 어리석다고 여겨지는 선포된 사건을 통해서 하나님은 사악과 죄악의 권세로부터 구원의 기적을 행사하신다. 또한 그 십자가의 어리석음을 통해서 하나님은 많은 사람들의 첫 열매—죽은 자로부터 살아난 첫 열매—가 되신 주님을 닮은 새로운 족속을 재창조하신다.

연약하게 십자가에 못박히신 하나님 속에 표명된 하나님의 약함은 그 어떤 인간들보다도 더욱더 강하시다. 수치의 십자가 위에서 힘없이 고통당하시는 구세주는 그를 믿는 모든 사람들을 구원하시는 능력이 되신다.

십자가와 참된 지혜

> "그러나 우리가 온전한 자들 중에서 지혜를 말하노니 이는 이 세상의 지혜가 아니요 또 이 세상의 없어질 관원의 지혜도 아니요 오직 비밀한 가운데 있는 하나님의 지혜를 말하는 것이니 곧 감취었던 것인데 하나님이 우리의 영광을 위하사 만세 전에 미리 정하신 것이라 이 지혜는 이 세대의 관원이 하나도 알지 못하였나니 만일 알았더면 영광의 주를 십자가에 못박지 아니하였으리라" (고전 2:6-8).

구원 얻은 자들에게는 십자가가 하나님의 지혜를 알 수 있도록 지식의 교만을 폐하시는 하나님의 능력이 된다. "눈으로 보지 못하고 귀로도 듣지 못하고 사람의 마음으로도 생각지 못하였다 함과 같으니라." 자연인에게는 비밀이 되는 지혜, 그러나 하나님을 사랑하는 모든 사람들에게는 하나님의 영에 의해서 밝히 드러나는 지혜인 것이다. 이 지혜는 세상의 지혜가 폐하여질 때에 우리의 영광이 될 것이다.

비밀 속에 있는 하나님의 지혜는 하나님의 신비이며, 그리스도의 신비이다. 그리스도 안에는 모든 지혜와 지식의 보고가 감추어져 있다(골 2:2-3). 그리고 유대인들과 헬라인들에게 못박힌 메시아는 하나님의 능력과 하나님의 지혜가 된다.

03

그리스도께서 이미 육체의 고난을 받으셨으니
너희도 같은 마음으로 갑옷을 삼으라
이는 육체의 고난을 받은 자가 죄를 그쳤음이니"(벧전 4:1).

십자가의 두 가지 모습의 메시지

"그의 십자가의 피로 화평을 이루사 만물 곧 땅에 있는 것들이나 하늘에 있는 것들을 그로 말미암아 자기와 화목케 되기를 기뻐하심이라 전에 악한 행실로 멀리 떠나 마음으로 원수가 되었던 너희를 이제는 그의 육체의 죽음으로 말미암아 화목케 하사 너희를 거룩하고 흠 없고 책망할 것이 없는 자로 그 앞에 세우고자 하셨으니"(골 1:20-22).

이사야의 예언은 고난받는 인자의 고통과 죽음이 그 자신을 위해서가 아니라 제 갈 길로 가버린 사람들을 위한 하나님 아버지의 분명한 뜻에 의한 속죄제였음을 말해 준다. 하나님은 오히려 그리스도가 상처받고 학대받는 것을 기뻐하셨다.

사도 바울은 같은 주제를 택하여 로마인들에게 쓰기를, 하나님이 "그의 피로 인하여 믿음으로 말미암는 화목제물로 세우셨으니"

(롬 3:25)라고 하였다. 하나님은 그리스도를 통해서 인간의 죄를 짊어지게 하심으로 죄악 된 세상에 대한 그의 의를 보이셨다.

여호와는 우리 모두를 위해서 그의 아들까지도 아끼지 않으시고 내어 놓으셨던 것이다. 그렇다. 세상과 그 자신을 화해시키려고 하나님 자신이 그리스도 안에 있었다고 말할 수 있다. 왜냐하면 아버지와 아들은 하나이기 때문이다.

성령 하나님에 의해서 보내어지고 준비된 사신들은 평화의 소식을 선포한다. 부활한 그리스도의 사신으로 위탁받은 그들은 그리스도를 대신해서 죽어가고 있는 영혼들에게 탄원하고 있는 것이다. 하나님이 그들에게 탄원하고 있는 것처럼 사신들은 "너희가 하나님과 화목하라"고 말하고 있는 것이다.

골로새 교인들에게 바울은 "그의 십자가의 피를 통해서 평화를 얻은"—너희 악행 때문에 하나님으로부터 분리되고 하나님의 원수가 되었던—너희가 "이제는 그의 육체의 죽음으로 말미암아 너희가 화목케 되었다"라고 쓰고 있다.

"그의 육체의 죽음으로 말미암아 화목케 하사"라는 말은 그리스도의 희생에 의한 화해 측면을 언급하고 있는 것이다(사 63:3). 그의 육체의 죽음으로 말미암은 죄인들과 하나님 사이의 화해는 구원자와 구원받은 자가 하나 되었다는 것을 보여준다. 그리고 우리는 구원받은 자의 측면에서 대표되는 사람으로서 두번째 아담이 어떻게 그의 죽으심 속에서 믿음으로 그에게 연합한 모든 사람들 대신에 죄에 대한 벌을 받고, 그를 통해 하나님과 화목케 되도록 하셨는지를 알게 된다.

"그의 육체의 죽음으로 말미암아 화목케 하사 너희를 거룩하고 흠 없고 책망할 것이 없는 자로 그 앞에 세우고자 하셨으니"라고 사도는 계속하여 말하고 있다. 십자가는 화목케 된 영혼들이 그리스도 안에서 아버지께 거룩하고 흠 없고 책망할 것이 없는 새로운 영역으로 들어가게 하는 관문이 된다. 화목케 된 사람들은 그들의 옛 죄에 대해서 그리스도와 함께 죽었다. 그들을 소외시키고 하나님과 원수가 되게 했던 "악행"들을 이제는 뒤에다가 버린 것이다. 그들은 이전에 살았던 삶을 계속 살도록 화목케 된 것이 아니다.

십자가의 피를 통한 평화의 메시지는, 그리고 그리스도의 육체의 죽음을 통한 하나님과의 화목은 죄로부터의 구원뿐만 아니라 죄의 권세로부터의 구원도 포함한다. 사도 베드로는 이에 대해 더 쉽게 말하기를, "우리는 죄의 속박으로부터 구원받은 것이고 더불어 과거의 죄로부터 사면받은 것이다"라고 선포하고 있다. 그리스도의 고통에 대한 베드로의 첫번째 서신에서 그는, "친히 나무에 달려 그 몸으로 우리 죄를 담당하셨으니 이는 우리로 죄에 대하여 죽고 의에 대하여 살게 하려 하심이라 저가 채찍에 맞음으로 너희는 나음을 얻었나니"(벧전 2:24)라고 말한다. RV의 난외주에 주어진 대안적인 표현은 더욱더 눈에 들어 온다. 왜냐하면 그것은 그리스도께서 "그의 십자가의 육체 속에 우리의 죄들을 짊어지셨다고 말하고 있기 때문이다"—그것은 확실히 우리가 이제는 죄의 지배 하에 들어가서 그것들을 다시 되풀이하여 행하지 않는다는 것을 확실히 말하고 있다.

그러므로 죽음을 통한 신자들과 그리스도와의 연합이 사도에 의해서 분명히 표명되고 있다. 십자가의 속죄적 희생으로 화목을 얻게 하신 주 예수님은 우리의 죄를 십자가상에서 짊어지심으로써 그리스도 안에서 우리가 죄에 대해서, 그리고 죄의 권세에 대해서 죽게 하신 것이다. 그러므로 이제 하나님으로부터 그의 생명을 공유하고 있는 우리들은 우리의 마음속에 내주하시는 거룩하고 의로우신 분의 능력에 의해 의로움으로 살게 되는 것이다.

"그가 맞음으로 우리가 나음을 입었도다"라고 사도는 이사야의 예언을 인용하면서, 죄와 죄의 속박으로부터의 구원을 연결시켜 십자가의 가장 거룩한 예언을 덧붙이고 있다.

우리를 대신해서 실제적 학대와 고통을 겪으신 분은 하나님의 어린양이셨으므로, 그의 생명의 치유하시는 능력은 그리스도께서 십자가상에서 우리의 죄를 짊어지셨다는 것을 믿는 사람들에게 부여된다. 그래서 우리는 그 안에서 죄에 대해서는 죽고 하나님에 대해서는 살게 되는 것이다.

베드로의 말로 확증된 것은 부활한 그리스도에 의해서 바울에게 계시되었고, 그것은 오순절 날 모든 사도들에 의해서 설교된 복음으로서의 갈보리 메시지가 되었다. 그리고 갈보리의 복음선포에 있어서 "십자가 말씀"에 대한 두 가지 측면의 단절은 하나님의 교회에 셀 수 없는 손실을 가져오게 되었다. 더욱이 바울은 죄의 권세로부터의 구원이 진보된 경험이라고 가르치지 않는다. 왜냐하면 로마의 개종자들에게 편지를 썼을 때에 그리스도와 함께 죽는 것은 경험의 기초적 단계라고 말하고 있기 때문이다. 또한 그것은 그들과 그리스도의 죽음과의 교통이 그 안에서 새로운 생명을 깨달을 수 있는 유일한 근거가 되기 때문이다.

십자가와 죄의 속박

"우리가 알거니와 우리 옛 사람이 예수와 함께 십자가에 못박힌 것은 죄의 몸이 멸하여 다시는 우리가 죄에게 종노릇하지 아니하려 함이니"(롬 6:6).

바울은 로마인들에게 "곧 우리가 원수되었을 때에 그 아들의 죽으심으로 말미암아 하나님으로 더불어 화목되었은즉 화목된 자로서는 더욱 그의 살으심을 인하여 구원을 얻을 것이니라"(롬 5:10)고 썼는데, 이는 화해받고 의의 선물을 받는 자들이 "생명 안에서 왕 노릇하리라"는 놀라운 하나님의 계획을 보여주고 있다(롬 5:17). 죄가 그들을 한때 통치했던 것처럼 예수 그리스도를 통한 은혜가 그들을 통치할 것이다.

그러나 어떤 사람은 "하나님의 풍성한 은혜를 보여주기 위해 우리가 계속 죄를 지어야 하지 않을까?"(롬 6:1)라고 질문한다. 그렇지 않다. "하나님은 죄 짓는 것을 금하신다." 사도는 그것을 다음과 같이 설명한다. 그리스도의 죽음, 즉 자유케 하시는 풍성한 하나님의 은혜가 결코 죄에 대해서 봉사하게 할 수는 없는 것이다!

하나님의 풍성한 은혜가 하나님의 아들의 죽음을 통하여 죄인들에게 주어진 것은 사실이다. 그러나 하나님의 아들과 함께 우리들은 죽었다. 그때에 죄에 대하여 죽은 우리들이 어떻게 죄 가운데 거하여 더 살 수 있겠는가?(롬 6:2).

십자가의 사도는 이 서신을 쓸 때에 깊이 감동되었다. 그는 "예수 그리스도의 계시"에 의해서 갈보리의 의미를 알았고, 십자가의 조명 아래서 타락의 심연을 보았다. 참으로 과도한 죄성이 죄인을 구원하기 위한 하나님의 아들의 비교할 수 없는 고통과 수치스러운 죽음을 요구했다. 그리스도께서 인간을 죄로부터 구원하기 위해서 죽으셨을 때에 어떻게 우리가 죄에 다시 거할 수 있느뇨! 하나님은 그것을 금하신다. 죄는 넘쳤으나 속박으로부터 죄인들을 구원하시기 위한 하나님의 은혜는 더욱더 풍성했다.

그리스도로 인해 바울에게 드러난 갈보리의 빛에 비추어 사도는 더 이상 로마의 그리스도인들이 그리스도의 죽음의 목적에 대해 무지하지 않도록 그 죽음의 의미를 보여주고 있다. "우리의 옛 사람은 예수와 함께 십자가에 못박혔나니." 이것이 타락했던 죄인들에게 주는 갈보리의 메시지이며, 죄의 속박으로부터의 구원의 비밀인 것이다. 그리스도와 함께 세례를 받은 모든 이들은 그의 장사로 세례받은 것이다. 죽음의 세례를 통하여 그들이 장사된 것처럼, 그리스도가 죽은 자로부터 살아난 것도 그들에게 마찬가지로 적용되는 것이다(롬 6:4). 그들은 그의 십자가와 무덤을 그들 자신과 그들의 과거 사이에 고정되어진 커다란 간격으로 보고, 부활한 그리스도와 함께 새로운 생명 속에서 걷게 된다.

이것이 그리스도의 죽음 안에서 그들이 참으로 주와 함께 친밀히 연합한 것이다! 정신적인 동의만으로는 부활하신 그리스도와의 참된 연합을 이루어 낼 수 없다. 오직 성령에 의해서만 십자가에서 죽은 그리스도와 생명력 있게 연합하여 그리스도의 죽음을 공유할 수 있는 것이다. 이 연합이 있다면 그들은 그리스도의 부활의 능력을 깨닫게 될 것이고, 그리스도와 함께 십자가에 못박혔다는 사실을 알게 된다. 그러면 그들은 더 이상 죄의 속박 상태—죄의 노예 상태—에 있지 않게 된다. 왜냐하면 죄에 대하여 죽은 그들은 그리스도 안에서 의롭게 되었기 때문이다(롬 6:6-7). 죄는 더 이상 그들을 통치하겠다고 주장할 수 없다—죄의 통치는 끝난 것이다.

더욱이 그리스도의 죽음은 부정적인 것에서의 구원 이상을 의미한다. 그들은 죽음뿐만 아니라 생명에 의해서도 죄의 통치로부터 자유로워진 것이다. 죽음과 무덤에서 승리한 그리스도의 생명은 그들 안에서 분명히 표명되었다. 그들이 참으로 옛 사람에 대해서 죽었다면, 그들은 그리스도와 함께 살 것이고 그리스도가 이제 그들의 생명—새로운 생명, 즉 하나님 안에서의 생명—을 공유하게 될 것이다.

풍성한 삶, 즉 생명 안에서 사는 것이 갈보리의 목적이다. 그리스도의 죽음은 우리를 위해 죄에 대해서 죽으신 것이다. 또한 하나님과 함께 죄에 대해서 죽은 자로 간주하고, 죄가 그들을 지배하는 것을 전적으로 거부하는 것이다. 왜냐하면 그들은 예수 그리스도 안에서 하나님께 대하여 살았기 때문이다. 생명 되신 그리스도 안에 거할 때에 그들은 우리 주 예수 그리스도 안에서 생명을 다스리게 될 것이다.

그러나 그들은 실천적으로 살아야 한다는 것을 결코 잊어서는 안 된다. 그들이 만약 그리스도와 함께 죽지 않고, 도리어 죄에 대하여 순응하고 그들의 지체를 불의의 도구로 내어준다면, 그들은 "하나님의 의"를 헛되게 만드는 것이 된다. 그들이 갈보리의 구원을 충만하게 깨닫고 있다면, 십자가의 주님과 함께 그들의 죽음을 인식케 될 것이다. 또한 죽고 다시 산 사람으로서 자신을 하나님께 드리고 새로운 생명 속에서 그 지체를 의의 무기로 하나님께 드릴 것이다.

그러나 또 다른 의문이 여기에서 떠오른다. 우리를 자유케 한 은혜가 우리의 자유의 한계를 넘어서 위험을 초래하게 만들 지는 않을까?

"하나님은 그것을 금하신다"고 사도는 다시 외치고 있다. 그리스도의 죽음과 부활 안에서 그리스도와 함께 연합함으로써 이루어진 변화는 인간 존재의 중심 깊은 곳에서의 변혁을 의미한다는 것을 그들은 알지 못했을까? 그리스도의 죽음의 능력을 깨달은 사람들은 그들이 "구원받은" 것에 대해 마음으로부터 순종하게 되는 것이다. 생명의 새로움으로 진실한 그리스도인들은 죄의 종이 되는 것 대신에, 또한 자신의 자유로운 선택 대신에 점차적으로 하나님 아버지의 종"이 된다. 그들은 하나님께 대한 기쁨의 순종으로

"의에 묶인 종"으로서 자신의 몸을 드릴 것을 선택한다.

로마서 6장에서 십자가의 단절시키는 능력이 분명하게 나타난다. 죄와 죄의 속박으로부터 구원하는 능력이 갈보리에서 시행되어졌고, 사도는 로마의 그리스도인들에게 믿음의 결의적 행동으로 그리스도 죽음의 열매 속으로 들어올 것을 요청하고 있다. 십자가 위의 그리스도와 함께 그들은 죽었다. 그리스도의 죽음 안에서 그들은 옛 생활로부터 단절되었다. 그리스도의 죽음에 동참함으로써 그와 연합한 그들은 그리스도와 함께 십자가에 못박힌 것이나 다름없다. 그러므로 그들은 죄에 대해서는 진실로 죽고, 그리스도 안에서 하나님께 대해서는 살았다고 할 수 있다.

오! 영혼이여, 당신의 눈은 잘못된 방향에 서 있는 것 같다. 당신은 구세주의 역사보다도 자기 생각에 더욱더 사로잡혀 자신만을 보고 있는 것 같다. 성령은 당신의 '계산'만을 염두에 두지 않는다. 즉 성령은 당신의 생각의 목적과는 분리되어 있는 것이다.

갈보리를 보라. 주 예수께서 당신을 대신해서 죽으셨다. 당신의 그 대표자께서는 그의 십자가로 당신을 데리고 갔다. 당신은 참으로 정직하게 모든 알려진 죄에서 떠나기를 결심하고 그리스도와 함께 죽는 것이 당신의 경험 속에 이루어지기를 원하는가? 당신은 바로 그 순간부터 십자가에 못박히신 예수와 함께 나무에 못박힌 당신 자신을 보게 된다.

성령과 하나님 말씀의 믿음 속에 의탁함으로 죄가 당신을 통치하지 못하게 하라. 하나님은 그리스도의 죽음과 당신의 죽음과의 나눔을 통해서 "죄가 너를 지배하지 못할 것이다"라고 말씀하셨다. 그리스도 안에서 십자가에 숨고 그의 생명 안에서 그와 연합하는 것이다. 또한 하나님의 자녀편에서는 의지의 계속적인 선택이 있어야 한다. 왜냐하면 순복하는 자가 그의 종이 되기 때문이다(롬 6:16). 심각한 유혹의 시간에 당신은 존재의 중심 속에서 즉시 십자가로 은신하고 당신을 거기에 데려다 놓으시는 그분에게 숨어야 한다. 또한 그분이 아닌 다른 바깥 어떤 장소로 이끌려지는 것을 거부해야 한다.

당신에게 다가오는 그 어떤 것을 혼자서 싸우려고 하지 마십시오. 당신의 생명을 공유하고 계신 그분에게 모든 것을 내려 놓으십시오. 그러면 당신은 하나님께서 나날이 구원하시고 보호하시는 것을 알게 될 것입니다.

그러나 이제 죄의 속박에서 자유하여 하나님께 대한 봉사의 종이 된 여러분은 정직하게 죄를 다루어야만 한다. 그리고 끊임없이 주님께 대한 순종으로 걷고, 당신 안에서 하나님의 뜻이 날마다 역사하시도록 하나님께 의탁하고, 하나님의 기쁘신 뜻을 행하도록 해야 한다. 모든 시련과 유혹의 억압들, 모든 것들을 그의 빛 속에서 볼 수 있는 하나님의 얼굴의 서치라이트(searchlight)로 몰고 가자. 그러면 당신은 하나님이 빛 속에서 계신 것처럼 모든 죄로부터 당신을 깨끗케 하시는 예수 그리스도의 보혈의 피와 함께 빛 속에서 걷게 될 것이다.

그 어느 누가 죄가 있다 할지라도 우리는 아버지 하나님과 함께 계신 의로우신 예수 그리스도를 우리의 대언자(advocate)로 갖고 있다—"저는 우리 죄를 위한 화목제물이니 우리만 위할 뿐 아니요 온 세상의 죄를 위하심이라"(요일 2:2).

*   *   *   *

그러나 우리에게 요구되는 것은 구원을 갈망하기 전에 우리의 쇠사슬의 무게를 느껴야 한다는 것이다. 이 시점에서 우리는 로마서 7장에서 전개되고 있는 율법의 목적에 다다르게 된다.

갈보리 십자가
The Cross of Calvary

04

"너희도 그리스도의 몸으로 말미암아 율법에 대하여 죽임을 당하였으니… 우리로 하나님을 위하여 열매를 맺히게 하려 함이니라"(딤후 2:2).

십자가와 율법

"이제는 우리가 얽매였던 것에 대하여 죽었으므로 율법에서 벗어났으니 이러므로 우리가 영의 새로운 것으로 섬길 것이요 의문의 묵은 것으로 아니할지니라"(롬 7:4-6).

죽음을 통한 구원이 여전히 사도의 메시지이다. 갈보리의 십자가는 하나님과의 화해의 장소이며 죄의 권세로부터 자유케 되는 장소이다. 그러나 그리스도와 함께 못박힌 그는 죄의 속박에서 뿐 아니라 "율법"의 속박으로부터도 그리스도와 함께 죽은 것이다. 율법은 무기력한 죄인에게 도달할 수 없는 순종을 요구하고 그를 죽음의 무기력 속으로 더욱 깊이 데리고 간다.

로마서 5-8장에서 사도의 생각의 흐름은 그리스도인의 삶 속에 일어나는 실제적인 경험의 사실과 놀라울 정도로 일치하고 있다. 그리고 각 장들은 "내적인 것에서부터" 분명히 이해할 수 있도록 되어 있다. 즉 그것은 바울이 로마의 그리스도인들에게 썼을 때에, 그의 관점에서 경험의 단계를 통해 전달된 것이다. "죄가 넘치는 곳에 율법이 왔다"(롬 5:20-21)라고 그는 쓰고 있다. 그러나 하나님은 오직 죄와 죄의 가증함의 풍성을 드러내려 하였다. 말하자면 그의 은혜가 "더 풍성하게 넘치는 것"이 보여지도록 말이다. 은혜―의의 자유로운 선물―가 구속받은 사람들 속에 통치하고 승리할 수 있도록 먼저 죄가 가련한 죄인들을 지배한 것이다.

은혜가 들어오고 통치하는 방법은 죽음에 의해서 되었다는 것을 알 수 있다. 왜냐하면 죽음 이외에 그 어느 것도 죄인을 그 쇠사슬로부터 해방시킬 수 없기 때문이다. 죄의 삯은 사망이고, 죄의 벌은 지불되야 한다. 죽음의 판결은 시행되어야 하고, 그 벌은 대표되는 인간으로서의 그리스도의 죽음 속에서 시행되었다. 또한 죄의 통치는 십자가에 못박힌 주님과 함께 죽은 모든 믿는 사람들 속에서 끝났다.

신자도 역시 그를 죽음으로 정죄한 율법에 대해서 죽는다. 그리스도의 죽음으로 그리스도와 연합한 신자는 그리스도의 육체를 통해 율법에 대해서 죽은 것이다(롬 7:4). 그러므로 그는 율법의 요구에 대해서 방면되어 그를 속박으로 묶었던 율법에 대해서 죽은 것이다. 율법은 더 이상 "너는 해야 할 것이다"라고 죽은 사람에게 더 이상 말할 수 없다. 왜냐하면 그는 죽음의 관문을 통해서 다른 영역으로 들어갔기 때문이다. 그곳은 율법이 따라올 수 없는 곳이다. "예수 그리스도 안의" 새로운 영에서 율법의 의문에 대한 노예적인 의무적 복종이 아니라(롬 7:6), 새로운 기쁨의 순종의 영을 갖고 그는 새로운 방법으로 하나님을 섬기게 된다.

다른 의문이 이 시점에서 발생한다. "그때에 우리가 하나님에 의해서 만들어진 율법이 죄가 된다고 말할 수 있느냐"(롬 7:7). 이에 대해 사도는 한 번 더 "하나님이 금하신다"고 대답한다. 그리고 율법이 주어진 이유와 십자가에 못박히고 부활하신 그리스도에 의해서 구원될 준비가 되어 있는 장소로 그 영혼을 이끌어 주는 율법의 실제적인 역할을 보여준다.

그리스도의 죽음을 통한 구원의 메시지는 절망 속에 있는 사람들에게 오직 기쁜 소식으로 다가온다. 율법은 우리를 그리스도께 데려다 주는 우리의 몽학선생이다. 율법의 요구로부터의 해방을 말한 후에 사도는 그의 내적인 인간 속에서 하나님의 뜻으로 기뻐한다. 그러나 갑자기 바울은 그리스도의 죽음을 통한 구원을 이해하지 못한, 영혼의 내적인 쓰린 갈등을 생생하게 묘사해 준다.

논의하고 있는 로마서 7장을 바울이 쓸 때에 마음속에 두었던 주된 목적이 무엇이든 간에, 적어도 우리는 하나님의 뜻을 성취하려는 인간 욕구의 활동성으로 야기된 죄의 지배 아래 있는 인간의 강력한 모습이라고 확신 있게 말할 수 있을 것이다. 율법은 영혼을 죽음의 장소로 데려온다. 이 죽음은 단지 갈등의 정지인 것이다. 더 이상 싸움이 없을 때에 영혼이 도착하는 지점이다. 그래서 죽음은 절망감에 "누가 나를 구원하리요?"라고 외치게 되는 지점인 것이다. "내가 율법으로 말미암아 율법을 향하여 죽었나니 이는 하나님을 향하여 살려 함이니라"고 바울은 쓰고 있다.

로마서 7장을 학술적인 관점에서 논의하는 것은 쉽다. 하지만 우리는 스스로 정직하게 우리 자신의 얽매인 것을 깨뜨려 볼 필요가 있다. 그럼으로써 우리는 곧 그 모습의 실제와 그것이 묘사하고 있는 쓰린 경험을 알게 될 것이다.

그 본문을 간단히 훑어보면, 율법이 어떻게 영혼을 자신의 끝 지점으로 그리고 우리 주 예수 그리스도에 의해서 구원받을 준비가 되도록 역사하시는가를 알 수 있다.

율법은 우리에게 죄가 무엇인지 알게 하기 위해 주어졌다 (롬 7:7)

"율법으로 말미암지 않고는 내가 죄를 알지 못하였으니."

예를 들어 만약 하나님이 율법을 주시지 않았다면 "너는 탐욕하지 않을 것이다"라고 말하지도 않았을 것이다. 율법이 없었다면 우리가 어떻게 탐욕하는 것이 죄인지를 알 수 있겠는가?

율법은 죄에 대한 적대감을 보여주기 위해 주어졌다 (롬 7:8)

"죄가 기회를 타서 계명으로 말미암아 내 속에서 각양 탐심을 이루었나니 이는 법이 없으면 죄가 죽은 것임이니라."

모든 인간의 마음속에 그 모습이 얼마나 실제적인가! 우리가 탐욕하지 않았다고 말한다면 우리는 즉시 우리가 하지 못하도록 금해진 바로 그것을 행하고 있는 자신을 발견하게 된다. 즉 "너는 하지 말 것이니라"가 하나님의 거룩한 의지에 반하는 타락한 본성 속의 모든 적대감을 불러일으킨다. 왜냐하면 육체의 마음은 하나님에 대해서 반목하기 때문이다. 율법의 요구가 없는 "죄는 죽은 것이다." 따라서 적대감이나 투쟁도 없다. 인간으로 하여금 자신의 길로 가게 하고, 그들 육체와 정신의 욕구를 채우게 해보라. 거기에는 전쟁도 없을 것이다. 그러나 그들로 하나님의 율법을 직면케 하고 그것을 순종케 해보라. 그때에 죄는 깨어나서 그들 안에서 하나님의 계명에 반하는 모든 일들을 하게 될 것이다.

그러므로 율법은 하나님의 율법에 대하여 인간 안에 있는 적대감을 인간 스스로 볼 수 있도록 우리에게 주어진 것이다.

율법은 우리를 죽음으로 이끌기 위해 주어졌다 (롬 7:9-11)

> "전에 법을 깨닫지 못할 때에는 내가 살았더니 계명이 이르매 죄는 살아나고 나는 죽었도다"(9절).

예전에 나는 하나님의 요구에 대해서 아무것도 알지 못한 채 율법을 떠나서 살았다. 나는 모든 것이 잘되고 있다고 생각했다. 그때에 갑자기 나는 창조주의 "너는 할 것이니라" 그리고 "너는 하지 말 것이니라"는 말씀을 직면하게 되었다. 내 안에 어떤 것이 깨어나서는 하나님의 율법과 싸우게 되었다. "잠자고 있던 죄가 되살아났다." 그러나 그 율법을 순종할 수 없다는 것을 깨달았다. 왜냐하면 나는 무기력했기 때문이다. 죄는 그 기회를 타서 하나님의 바로 그 계명을 통해서 나에 대한 요구와 그것의 능력을 주장했다. 나는 그것이 나보다 더 강하다는 사실을 실제로 발견했다. 그것은 나를 속였다! 그 결과가 죽음인 것을 알면서도 나는 그것의 유혹에 순복했다. 그러므로 죄의 삯은 사망이라는 것 외에는 내 앞에서 아무것도 아니라는 것을 보여줌으로써 죄는 "나를 죽인 것이다"(11절).

하나님의 계명은 나에게 더 좋은 삶을 살도록 이끌었으나 대신 그것은 나를 희망 없는 좌절과 죽음의 무기력 상태의 더 깊은 곳으로 빠져들게 했다(10절).

율법은 죄성을 보여주기 위해 주어졌다 (롬 7:12 - 13)

"율법도 거룩하며 계명도 거룩하며 의로우며 선하도다 그런즉 선한 것이 내게 사망이 되었느뇨 그럴 수 없느니라 오직 죄가 죄로 드러나기 위하여 선한 그 것으로 말미암아 죄로 심히 죄되게 하려 함이니라."

거룩한 율법에 의하여 "죄가…죄로 보여진다." 피조물—죄의 개념을 알지 못하는 사람들—에게 죄가 무엇인지를 가르치기 위해, 구원의 필요성을 인간이 더욱 알도록 하기 위해 창조주에 의해서 고안된 그 계획은 얼마나 놀라운가! 죄는 그것을 미워하기 전에 "과다한 죄"가 되었음에 틀림없다. 그리고 그것의 매인 것으로부터 구원이 알려지고 죄를 벗어버리기 위한 욕구가 생겨났다. 구원자의 필요는 구세주가 환영받기 이전에 느껴져야 한다. 그리고 타락의 깊이는 구원의 높이와 깊이, 넓이와 길이가 이해되기 전에 알아야 한다.

거룩하고 의롭고 선한 계명을 통해서 하나님은 인간으로 하여금 자신과 자신의 상태를 알도록 이끄신다.

사망의 무기력으로 이끄는 율법(롬 7:13-23)

"오직 죄가 죄로 드러나기 위하여 선한 그것으로 말미암아 나를 죽게 만들었으니… 나는 육신에 속하여 죄 아래 팔렸도다"(13-14절).
"내 속 곧 내 육신에 선한 것이 거하지 아니하는 줄을 아노니 원함은 내게 있으나 선을 행하는 것은 없노라"(18절).

그 투쟁은 얼마나 쓰라린 것인지! 인간의 교만을 얼마나 부끄럽게 만드는지! "율법은 영적인 것이다"라고 인간은 외쳤으나 "육체로서의 나는 죄 아래 팔렸도다." 나는 실제 종이나 다름없다. 왜냐하면 "내가 싫어하는 것을 행하기 때문이다"(15절).

내가 죄를 미워한다는 바로 그 사실이 나의 눈이 하나님 뜻의 아름다움과 선함에 열려 있다는 것을 입증해 준다(16절). 그래서 나는 두 인간이 되는 것 같다. 나의 의지로는 옳은 것을 행하려고 하지만 전적으로 선한 것을 행할 수가 없다(18절). 그러므로 어떤 의미에서 나쁜 것을 행하는 것은 내가 아니요 나를 지배하고 통치하는 죄이다(17절).

나는 참으로 노예이다! 어떤 노예 신분이 이보다 더 못할까? 아무튼 나는 "선한 것이 거하고 있지 않다는 것을 안다"는 것을 지금 알고 있다(18절). 나는 이 땅에서 나보다 더 나쁜 사람을 알지 못한다. 결코 "나는 다른 사람과 같지 않다"고 생각할 수가 없다. 일찍이 영혼은 전에 그러한 속박 속에 있었던가? 내가 원하는 선은 행하지 않고 내가 미워하는 악을 행하는도다(19절). 그것을 요약하면, "선한 것을 행하려는 나에게 악이 함께 있는 것이로다"(21절)라는 것을 깨닫게 된다. 나는 내 "속사람으로는 하나님의 법을 즐거워하는" 상태에 있으나 내 지체 속에서 한 다른 법이 내 마음의 법과 싸우는 것(23절)을 안다. 나는 죄의 지배 아래 있는 노예로서 붙잡혀 있다.

구원의 요지 (롬 7:24-25)

"오호라 나는 곤고한 사람이로다 이 사망의 몸에서 누가 나를 건져내랴."
"우리 주 예수 그리스도로 말미암아 하나님께 감사하리로다."

영혼이 구원받을 준비가 되었을 때에 구원이 있다. "곤고한 사람"은 도움을 위해 부르짖는다. 그의 외침 속에서 그는 스스로를 구원할 수 없다는 것을 고백한다. 사람의 교만은 깨어진다. 율법을 순종하려는 속사람은 하나님이 보시기에 선한 것을 행하려는 모든 노력에도 불구하고 자신과 죄를 정복할 수가 없다. 그는 십자가의 충만한 메시지를 이해하는 데 실패하고 그리스도와 함께 죽었다는 것도 알지 못한다. 그리고 그는 죄의 지배로부터, 율법의 요구로부터 그리스도 안에서 자유를 누리지 못한다. 그는 쓰린 갈등 속에서 그의 필요를 발견해야 한다. 아마 그는 하나님을 기쁘시게만 할 수 있다면 속사람이 하나님의 은혜에 의해서 도움을 받는다고 생각할 것이다. 십자가의 피를 통한 하나님과의 화해에 의해서 성령으로 시작하게 된 그가 육체의 도움으로 "완전해"(혹은 은혜 안에서 자라는 것)질 수 있을까! 아니다. 당신 "곤고한 사람"은 갈보리로 다시 간다. 당신은 그대 안에 있는 또 다른 힘을 필요로 한다—성령의 능력, 그리스도 안에 있는 생명의 영의 법이 오직 갈보리 위의 예수 그리스도의 역사를 통해서만 당신에게 자유를 줄 수 있다.

당신 자신의 힘으로 순종하기 위해서 투쟁하고 있는 율법은 인간이 살아 있는 동안만 오직 인간에 대한 지배를 가질 수 있다(롬 7:1). 당신은 구세주와 함께 십자가에 못박혔으며 그리스도와 함께 죽은 것이다. 그래서 당신은 그리스도의 피를 통해 율법에 대해서 죽은 것이다.

하나님의 역사하심을 믿는 믿음으로 "당신은 이것을 믿느냐?"(골 2:2). 그때에 당신은 죽음으로서 율법의 요구에 대해서 해방된 것이다. 당신은 죽은 자로부터 살아나신 그리스도와 연합한 것이다(롬 7:4). 그래서 당신 안에서 역사하시는 그리스도를 믿을 때에 그리스도 안에 있는 생명의 성령의 법이 당신을 자유케 할 것이다. 아들이 당신을 자유케 하면 당신은 참으로 자유케 되는 것이다.

당신 대신 죽으시기 위해서 당신과 같은 모습으로 보내진 하나님의 아들로 인해 율법이 할 수 없었던 것을 당신 안에서 이룰 수 있게 되었다. 당신이 전적으로 순종하는 데 실패한 바로 그 율법의 요구는, 당신이 하나님의 영에 순종하여 육체를 따라 걷지 않고 성령을 따라 걸을 때에 그대 안에서 성취되는 것이다.

오, 영혼! 당신은 끊임없는 정죄 속에서 살고 있었다. 그러나 예수 그리스도를 통한 구원을 외치는 자들은 그들 스스로를 믿어서는 안 된다는 마음속의 죽음의 응답을 갖게 되었다. 그러나 죽은 자를 일으키시는 하나님 안에서는 "결코 정죄함이 없다." 왜냐하면 예수 그리스도 안에서 그들은 새로운 율법의 힘과 생명의 역사하시는 생명의 성령, 죄의 통치의 옛 율법으로부터 자유케 되었고, 죽음은 아무 능력이 없음을 경험했기 때문이다.

"그리스도께서 우리로 자유케 하려고 자유를 주셨으니 그러므로 굳세게 서서 다시는 종의 멍에를 메지 말라"(갈 5:1). 당신은 성령의 것들(롬 8:5)을 생각하면서 성령 안에서 한 걸음씩 걷고 있다는 것을 알라. 당신은 그대 안에 거하시는 생명의 성령의 능력으로 "몸의 행실을 죽이는" 일을 해야 한다는 것을 유념하라(롬 8:13). 그러므로 당신은 살 것이고 나날이 하나님의 영으로 인도될 것이다. 하나님에 대한 모든 노예적인 두려움은 사라질 것이고 당신이 하나님 아버지의 아들이 되었다는 것을 알게 될 것이다. 하나님의 자녀가 된다고 하는 것은 곧 상속자가 되는 것이다. 즉 하나님의 상속자요 그리스도 안에서 함께 상속받을 자가 되는 것이다. 그렇게 되면 그리스도와 함께 당신은 고통받게 될 것이요 그럼으로써 당신은 그리스도와 함께 영광을 받게 될 것이다.

갈보리 십자가
THE CROSS OF CALVARY

05

"이를 위하여 그리스도께서 죽었다가 다시 살으셨으니 곧 죽은 자와 산 자의 주가 되려 하심이라"(롬 14:9).

그리스도와 함께 못박히는 것

"내가 율법으로 말미암아 율법을 향하여 죽었나니 이는 하나님을 향하여 살려 함이니라 내가 그리스도와 함께 십자가에 못박혔나니 그런즉 이제는 내가 산 것이 아니요 오직 내 안에 그리스도께서 사신 것이라 이제 내가 육체 가운데 사는 것은 나를 사랑하사 나를 위하여 자기 몸을 버리신 하나님의 아들을 믿는 믿음 안에서 사는 것이라"(갈 2:19-20).

바울은 자신의 경험에 대해서 언급하는 것을 주저하지 않는다. 왜냐하면 그는 로마인들과 갈라디아인들에게 복음을 설교하지 못했기 때문이다. 즉 직접 그들에게 복음을 입증해 주지 못했기 때문이다. 그는 그리스도의 죽음에 관하여 로마인들에게 서신을 썼고, 이제 갈라디아 서신의 본문 구절에서 그 복음을 요약하고 있는 것이다.

로마인들에게 그는 "우리는", "우리의"라고 말했으나 갈라디아인들에게는 "나! '나는' 율법에 대하여 죽었다"고 말했다. "나는 십자가에 못박혔느니라." 이 말 속에서 우리는 갈보리의 구원에 대한 매우 깊은 의미를 구체화할 수 있다. 그리고 우리가 그 메시지를 더 쉽게 취하면 취할수록 구원하시는 하나님의 능력으로서의 십자가의 말씀을 더 빨리 입증케 될 것이다.

　　바울은 타락 이래로 모든 인간 생활의 중심되는 원천인 "나"(I)가 "십자가에 못박혔다"고 외친다. 율법은 나를 죽음의 장소로 이끌고 가는 수단이 된다. 율법은 나의 무기력한 상황을 인식할 수 있는 장소이다. 율법은 내 안, 내 육체 안에 선한 것이 아무것도 없음을 발견케 하는 장소이다. 율법은 내가 투쟁하는 것을 멈추게 하고 다른 사람에게 도움을 외치도록 만드는 장소이다. 그 "율법"은 나를 바로 그런 장소로 데리고 가서, 율법을 순종치 못한 순전한 무능력으로 율법에 대하여 나를 죽게 만든다. 그때에 나는 그리스도의 죽음 속으로 나 자신을 숨기려고 도망한다. 바로 그것이 내가 그리스도와 함께 죽은 것이다.

　　우리는 하나님의 말씀이 한 가지 적용으로 소진될 수 없다는 것을 기억할 필요가 있다. 하나님이 우리를 인도하실 때, 우리는 넓은 의미를 갖고 열려 있는 십자가의 말씀을 발견하게 된다. 이 십자가의 말씀은 가장 깊은 필요를 충족시켜 준다. 처음에 우리는 죄의 속박과 관련하여 그리스도와 함께 죽은 우리의 모습을 이해한다. 우리가 우리를 위해 죽으신 십자가의 주님을 바라볼 때 로마서

6:6에서의 바울의 선언을 듣게 된다. "우리의 옛 사람이 그리스도와 함께 죽었느니라." 그리고 우리는 자신을 죄에 대해서 죽은 자로 여기게 된다. 또한 우리는 "분과 악의와 훼방과…거짓말—옛 사람과 그 행위를 벗어버렸다"(골 3:8-9). 우리는 십자가의 말씀이 모든 믿는 자에게 하나님의 능력이 됨을 기쁨으로 입증케 된다. 그리고 살아 계신 그리스도가 자기를 통해서 하나님께 나아가는 자들을 온전히 구원하실 수 있다(히 7:25)는 것을 발견하게 된다.

그러나 조만간에 우리는 더 깊은 구원을 필요로 한다는 것을 알게 된다. 우리 자신이 죄에 대해서 죽고 육체의 분명한 일에서 구원을 발견했을지라도, 우리의 삶은 아직도 상당한 정도로 자기 중심적인 상태에 있기 때문이다. 봉사에 있어서 자기만족이나 자기정력, 고통당할 때의 자기연민, 사람의 칭찬을 좇는 자기추구, 시련의 시기에 자기도취나 자기판단, 다른 사람과의 접촉에서 자기민감성, 상처받을 때의 자기방어, 종종 삶을 거의 짐이 되게 만드는 자기염려는 모두 자기중심적인 모습을 나타내는 말들이다.

자기정력으로 온전히 그리스도의 것이 되고자 하는 욕구를 갖고 있는 우리는 종종 스스로를 그리스도와 갈라놓고, 우리의 활동의 근원을 망각한 채 새열심으로 그리스도를 위해 일할 것을 추구한다. 그렇지만 우리가 그리스도를 위한 "우리의 모든 피조물의 활동"이 아무런 소용이 없음을 눈뜰 때까지는 우리의 수고의 영적인 열매는 거의 없다는 것을 알게 된다.

이런 점에서 하나님의 영은 십자가의 말씀을 구원의 신선한 축복의 메시지로 이끄는 것이다. 그러므로 구원은 그리스도인의 초기에 얻은 죄의 속박으로부터의 자유보다도 더 큰 중요성이 있음을 의미한다. 십자가로 부르시는 우리 주님이 "너희가 나를 따라오려거든 자기를 부인해야 한다"고 말씀하셨을 때, 이것은 모든 사람의 삶 속에 있는 고통의 핵심을 건드린 것이다. 주님은 그들의 죄를 언급하시는 것도 아니요 외부적인 어떤 것을 말씀하시는 것도 아니다. 다만 인간 속에 무엇이 있는가를 아시는 주님은 인간의 중심에서 나오는 행동 이전에 있는 바로 그 "자아"에 집중하신다.

인간은 자아를 포기하고 자신을 그리스도와 함께 십자가에 못 박힌 사람으로 보아야 한다. 그러할 때에 또 다른 자아인 주 예수님께서 재빨리 그의 마음의 중심에 자리잡게 되고, 모든 것을 주님의 생각에 따라 다룰 수 있게 되는 것이다. 너희들이 각각 "나"라고 말하는(고전 1:11-12) 바로 그것이 고린도 교회의 분쟁의 원인임을 바울은 말한다. 성경에서는 다양한 형태로 "나"에 관해서 말하는 실례들이 나온다.

"이 위대한 바벨론은 내가 지은 것이 아니뇨"(단 4:30)라고 느부갓네살은 외친다. "내가 내 영혼에게 이르되 영혼아…평안히 쉬고 먹고 마시고 즐거워하자"(눅 12:19)라고 세상의 재물에 흥겨워 어리석은 부자는 말한다. "나는 다른 사람들과 같지 아니하며"(눅 18:2)라고 바리새인은 도덕적인 자기평가를 한다. 사람들은 "나는 너보다 의롭다"(사 65:5)고 자기의 내적 성찰을 한다. "나는 부요하다…아무것도 필요치 않다"(계 3:17)라고 말하는 자기만족적인 태도를 또한 본다. 나는 이 사람 혹은 저 사람에게 속해 있다고 말하는 크리스천들의 인간적 사고방식을 좇은 "나"를 보게 된다. "어떤 이는 나는 바울에게 속해 있다고 말하고, 또 다른 이는 아볼로에게라고 말하며, 너희들은 어디에 속해 있느냐라고 서로들 말한다"고 바울은 쓰고 있다(고전 3:1-4).

그러나 그리스도와 함께 십자가에 못박힌 "나"가 바로 바울의 자유의 헌장이었으며 십자가의 메시지와 함께 그는 당대의 난제를 충족시켰다. "우리는 죽었다", "모든 사람이 죽었다"고 바울은 말한다. "그때에 너희는 죽었느니라"는 말씀이 바울의 순회전도시의 주제였던 것이다. 바울은 죄에 대해서, 하나님의 교회 속에서의 세상의 요소들에 대한 태도에 대해서 하나님의 자녀들과 더불어 실제적으로 다루고 있었다. 그가 서신을 보내고 있는 사람들은 바울 자신이 그의 삶 속에서 바로 그 진리를 실천하고 있는 것을 잘 안다. 그는 높은 자리를 좇지 않았으며 자신이 십자가에 못박혔음을 말한다. 심지어 바울은 자신이 그리스도의 사도로서 "존경받는 자"가 되었을 때에도 그렇게 했다.

"나는 아무것도 아니니라"고 바울은 고린도인들에게 쓴다. 그리고 "나는 모든 성도 중에 가장 작은 자라"고 바울은 에베소 교인들에게 말한다. 더 이상 "나"는 그의 생명의 전체적인 정신이 될 수 없다. 그는 그리스도를 위해서 모든 것을 잃은 바 되었으며 그리스도를 위해서 모든 것을 배설물로 여겼다. 그리스도와 함께 십자가에 못박혔다는 것은 바울의 변치 않는 선언인 것이다. 모든 관점을 그는 그리스도의 죽음의 결과에 대해서 말하고 있다. 그는 갈보리를 모든 사실의 근간이 되는 것으로 보며 진리의 모든 전개에 있어서 결코 십자가의 비추임을 넘어서지 않는다. 사도가 갈라디아서 2:20에 사용한 헬라말은 "함께 못박혔다"는 것을 의미한다. 이 "함께 못박혔다"라는 말은 우리가 믿음 가운데 반드시 지녀야 할 진리인 것이다. 그러한 구원의 계속성을 안다면 우리의 믿음은 반드시 이 사실에 기초를 두어야 한다. 즉 우리의 마음의 눈은 십자가상의 예수에 그 초점을 두어야 하고, 주관적인 경험에 초점을 두어서는 안 된다.

"예수님을 바라본다"는 것은 영적인 삶의 모든 단계에서 구원의 방식이 된다. 우리는 십자가상의 그리스도를 "바라보아야" 한다. 광야에서의 죽을 수밖에 없었던 상황에서도 들리워진 뱀을 바라보았던 이스라엘 사람들처럼, 죄로 인한 죽음의 상태에 있는 우리는 갈보리를 바라보아야 한다. 우리가 십자가 위의 그리스도를 바라볼 때에 살 수 있는 것이다. 우리는 "바라보고", 우리 자신을 십자가에 못박힌 것으로 여겨야 한다. 그리고 그리스도와 하나되게 하신 믿음 안에서 우리를 죄에 대해서는 죽은 자로 여기고 모든 알려진 죄들을 버리고 다시는 죄가 통치하지 못하도록 해야 하는 것이다. 정직하게 그 승리를 기대하고 바라본다면, 성령께서는 참된 구원으로 우리의 믿음을 인치실 것이다.

한 번 더 갈보리에 대해서 살펴보자. 우리는 율법에 대해서 죽었다는 것을 알고 있다. 왜냐하면 하나님은 더 이상 "너는 해야 할 것이니라"라고 그리스도 안에 있는 사람들에게 말씀하시지 않기 때문이다. 그리스도의 법에 대해 순복할 때 하나님은 "아바 아버지"라고 외치는 우리의 마음속에 아들의 영을 부으셔서 우리의 모든 필요들을 공급하시는 것이다.

다시 갈보리에 대해서 살펴보자. 우리는 "내"가 그리스도와 함께 십자가에 못박혔다는 분명한 비전을 가져야 한다. 성령이 그 메시지를 조명할 때에 우리는 오래 전에 그 사실을 이해하지 못했었다는 것을 놀라워할 것이다. 우리 몫의 태인 그의 십자가를 짊어짐으로써 살아 계신 그리스도를 위한 삶을 살아야 한다. 주님은 우리를 통해서 당신 자신을 나타내실 것이다.

그렇다면 이것이 그 모든 것인가? 아니다. 죽으시고 살아나신 그리스도는 우리들 안에 내주하시고, 우리는 그의 빛 속에서 빛을 볼 것이다. 하나님은 우리의 복잡한 여러 구획들이 그의 임재의 서치라이트 속에서 밝히 보이게 하실 것이다. 그러므로 우리는 우리의 필요의 더 깊은 부분을 발견케 될 것이고, 계속해서 생명의 장소인 십자가를 발견케 될 것이다.

"그리스도와 함께 십자가에 못박혔다!" 주님의 십자가는 곧 나의 것이다. 나는 주님과 함께 갈보리에 있었다. 나는 그의 십자가와 함께하는 것을 동의했다. "나는 더 이상 내가 아니다. 나는 더 이상 나 혼자 있는 개별적인 존재가 아니다. 나는 그리스도와 함께 연합되었다"(라이트풋). 그러므로 살아 계신 그리스도께서 나를 통해서 움직이실 것이고 그리스도는 그의 기뻐하시는 뜻을 내 안에서 이루실 것이다.

06

"그날에 강림하사 그의 성도들에게서 영광을 얻으시고 모든 믿는 자에게서 기이히 여김을 얻으시리라"(살후 1:10).

십자가와 살아 계신 그리스도

"내가 그리스도와 함께 십자가에 못박혔나니 그런즉 이제는 내가 산 것이 아니요 오직 내 안에 그리스도께서 사신 것이라 이제 내가 육체 가운데 사는 것은 나를 사랑하사 나를 위하여 자기 몸을 버리신 하나님의 아들을 믿는 믿음 안에서 사는 것이라"(갈 2:20).

사도 바울은 "내 안에 하나님의 아들을 드러내는 것이 하나님의 선하신 뜻"이라고 갈라디아서 초반부에서 말하고 있다. 그리고 모든 시대에 감추어져 있던 신비가 이제 성도들에게 분명해졌다고 골로새 교인들에게 쓰고 있다. 바울은 하나님이 그의 자녀들에게 알게 하기를 기뻐하셨던 신비를 이렇게 쓰고 있다. "이 비밀은 만세와 만대로부터 옴으로 감취었던 것인데 이제는 그의 성도들에게 나타났고 하나님이 그들로 하여금 이 비밀의 영광이 이방인 가운데 어떻게 풍성한 것을 알게 하려 하심이라 이 비밀은 너희 안에 계신 그리스도시니 곧 영광의 소망이니라"(골 1:26-27).

이것이 십자가의 궁극적 목적이다. 우리는 그리스도와 함께 십자가에 못박혔고 믿음으로 우리의 마음속에 그리스도께서 내주하실 여지를 만들 수 있게 되었다. 이런 주 예수 그리스도의 내주를 신비라고 한다. 이 말은 "비밀"을 의미하는데, 즉 우리에게 감추어져 있던 것이 드러났다는 뜻이다. 이 신비는 율법 세대 아래서는 알려지지 않았다. 그때에 각 사람들은 아브라함을 비롯한 몇몇 사람을 제외하고는 자신의 "공로"로 하나님 앞에 서려고 하였다. 아브라함을 포함한 몇몇 사람들은 성령 안에서 그리스도의 "날"을 예견하고 기뻐하였다. 그들은 멀리서 약속을 보았으며 그들을 포옹하였다. 그러나 은혜의 세대 동안에는 이 신비가 만방에 선포되는 것이 하나님의 뜻이다. "믿음으로 순종하는" 사람들은 그 영광을 나눌 것이다.

바울은 그가 "하나님의 말씀(또는 하나님의 뜻)을 성취시키기 위한" 종이라고 말했다. 그리고 그는 "이는 저희로 마음에 위안을 받고 사랑 안에서 연합하여 원만한 이해의 모든 부요에 이르러 하나님의 비밀인 그리스도를 깨닫게 하려 함이라"(골 2:2)고 말하고 있다. 그 말씀은 그에게 "계시에 의해 알려진"(엡 3:3) 것이다. 특별히 모든 언어를 가진 족속들이 그리스도의 놀라운 풍성함을 나눌 수 있게 되는 것이 하나님의 뜻이다. 바울은 그것이 자신에 대한 하나님의 특별한 은혜의 선물이었다고 말한다. 즉 그는 모든 만방 중에 그러한 기쁜 소식을 전하도록 하나님으로부터 선택된 종임을 말한다. 또한 각 사람들이 "그 신비"를 볼 수 있도록 "모든 사람들에게 빛을 전하는" 것이 자신에 대한 하나님의 뜻이라고 말한다. 하늘에 있는 "정사와 권세들"—타락한 피조세계를 다루시는 하나님의 모습을 지켜보는 사람들—에게 다양한 하나님의 지혜를 "교회를 통해서" 알릴 수 있도록 모든 사람들에게 그 하나님의 메시지를 전하도록 계시받았음을 바울은 말한다.

바울 속에 나타난 그리스도의 계시는 "그리스도를 전하는" 것임을 그는 갈라디아인들에게 선언한다. 그리고 그 선언에 앞서 자신의 간증을 이야기한다. "나는 그리스도와 함께 못박혔고 이제 그리스도께서 내 안에 산다." 그는 우리 안에 사시는 그리스도의 신비의 계시가 그리스도의 죽음을 얼마나 참되게 심느냐에 달려 있음을 분명히 보여준다. 신자가 일단 자신의 실제적인 경험과 관련해서 갈보리의 주요한 의미를 인식한다면, 하나님의 모든 진리는 아름다운 조화를 이루어 제자리를 잡게 될 것이다.

인생의 모든 이상은 그리 높은 것이 아니다. 왜냐하면 신자는 그리스도를 통해서 그 이상을 실현시키시는 주를 위한 삶의 방식을 가졌기 때문이다. 봉사를 위한 하나님의 명령도 그리 큰 것만은 아니다. 왜냐하면 그리스도께서 우리 안에 있는 모든 지혜와 능력이 되시기 때문이다. 말하자면 우리가 십자가로 은거하여, 내주하시는 주님을 의존하여 모든 봉사로 나아갈 때에 주님이 우리의 지혜와 능력이 되신다. 하나님의 참된 에너지가 우리의 삶 속에 들어

오고, 우리를 통해 역사하시는 부활하신 그리스도의 능력을 따라 기쁨으로 증거할 때에, 우리의 전체 삶의 모습은 변화되는 것이다. "내가 일체의 비결을 배웠나니…내게 능력 주시는 자 안에서 내가 모든 것을 할 수 있느니라"(빌 4:12-13)는 말씀은 기쁨에 겨운 승리의 외침인 것이다. "이는 내게 사는 것이 그리스도니 죽은 것도 유익함이니라"(빌 1:21). "나는 오직 그리스도가 내 안에 역사하는 것만을 말할 것이라"(롬 15:18). "이를 위하여 나도 내 속에 능력으로 역사하시는 이의 역사를 따라 힘을 다하여 수고하노라"(골 1:29). 바울 속에 나날이 봉사의 역동적인 영이 살아 있다.

오, 축복받은 삶이여! 그 비밀이 알려질 때에 그 얼마나 기쁘고 자유롭고 평안한가! 그 영혼은 하나님의 아들 안에서 믿음으로 살아가는 것을 배운다. 그렇다면 이것은 마치 당신이 인간적인 선택이나 욕구가 없는 기계와 같이 된다는 것을 의미하는가?

"그리스도와 함께 못박혔으나…나는 사는 것이라"고 바울은 외친다. 나는 시체도 기계도 아니다! 나는 감정과 개인적인 소원 그리고 희망과 욕구를 갖는 인간 존재인 것이다. 나는 죽었기 때문에 더욱더 산다. 왜냐하면 죄에 대한 노예가 되는 것에 둔해진 인간 유기체는 이제는 삶과 생존에 더욱더 민감해지기 때문이다. 이제는 더 이상 자기추구나 자아사랑의 매개체가 되는 것이 아니요, 이제 "내 안에 사시는" 그리스도의 사랑과 삶에 대한 표명을 위해 활기찬 매개 역할을 하게 되는 것이다. "나"(사도 바울)는 사도라 칭함받기에 합당치 않다. 왜냐하면 나는 하나님의 교회를 핍박했기 때문이다. 나 자신의 개성이나 특질 그리고 기호를 갖는 나는 그리스도가 내 안에 사시는 그런 "나"의 모습으로서의 특질을 계속해서 갖는 것이다.

그렇지만 그것은 더 이상 내가 삶의 중심이요 근원이 되는 "나"가 아님을 알아야 한다. 나로 모든 사도보다 더욱더 열심히 일할 수 있게 한 것은 하나님의 은혜로 된 것이지, "나"로 인해 된 것이 아니다. 그것은 나의 삶이 아니요 내 마음속에 있는, 살아 계신 그리스도로부터 흘러나오는 삶인 것이다. 바로 그 삶이 나를 통해서 표명된다.

그러나 당신은 바로 이 놀라운 의식이 있는가? 당신 자신을 "죽은 자"로 느끼고, 당신의 마음속에 거하시는 부활하신 그리스도를 통해서 위대한 기쁨과 하늘의 엑스터시가 있음을 깨닫는가?

"이제 내가 육체 안에 사는 것도 믿음으로 사는 것이라." 그렇다면 어떤 종류의 믿음인가? 당신이 그리스도와 함께 죽음을 경험한 믿음인가? 그리고 모든 순간 노력과 긴장을 아끼지 않았던 그런 믿음인가?

그것은 "나를 사랑하사 자신의 몸을 버리신 하나님의 아들 안에 있는 믿음"인 것이다. "나"라는 축복받은 존재는 그리스도와 함께 십자가에 못박힌 존재이다. 그 육적인 "나"는 영혼의 시계(vision) 저 너머 지평선으로 넘어갔다. 이제 십자가 위에서 죽으시기까지 위대한 사랑을 베푸신 하나님의 아들이 신자의 온 마음과 정신을 채우게 되는 것이다.

"나를 위해 자신을 내어주었다"라는 말씀이 삶의 주도적인 사상이 되고, 이제 모든 것이 갈보리의 빛과 사랑 속에서 보여진다. 죽임당하신 그리스도의 상처난 손에 자신을 의탁하는 것은 향기로운 기쁨이다. 그러한 그리스도의 사랑에 사로잡히는 그리스도 안에서의 믿음은 더 이상 자신의 경험이나 이 땅에 관련된 것이 아니라, 죽임당하신 그리스도가 갈보리의 십자가 위에서 그의 고통의 열매를 보고 만족해 하시는 것을 간절함으로 바라는 꾸미지 않는 그런 태도이다.

믿음의 방법

"하나님의 아들을 믿는 믿음 안에서 사는 것이라"(갈 2:20).
"갈라디아 사람들아 예수 그리스도께서 십자가에 못박히신 것이 너희 눈앞에 밝히 보이거늘…내가 너희에게 다만 이것을 알게 하노니 너희가 성령을 받은 것은 율법의 행위로냐 듣고 믿음으로냐"(갈 3:1-2).

바울은 육체를 떠나 사는 것은 이제 하나님의 아들을 믿는 믿음 안에서 사는 것임을 말한다. 심지어 그의 믿음의 행위조차도 그의 의식의 범위를 넘어, 그 속에 살아 역사하시는 그리스도에 대한 확신 있는 지식에 의한 것임을 말하는 것으로 보인다. 신자들을 소유하신 부활하신 그리스도는 "믿음의 영"을 가지고 오셨다. 순간순간 믿음의 행위는 숨쉬는 것과 같이 단순하면서도 즉흥적인 것이 된다.

그러나 그 영혼이 자아의 더 깊은 지식으로 이끌림을 받을 때, 즉 부활하신 그리스도 안에서만이 그 풍성한 자원이 있다는 사실을 알고 자신의 무기력성을 깨달을 때 영적인 삶에 변환의 단계를 거치게 된다. 그러한 변환의 시기에 신자는 자신이 그리스도와 함께 죽었다는 하나님의 순전한 말씀으로 인해 시련을 겪기도 한다. 그러한 때일수록 신자는 하나님에 대해 새로이 헌신하고, 하나님의 지고한 목적을 그들 속에서 성취시키기 위해 하나님을 의탁하며, 하나님과의 새로운 계약이 필요하다. 말하자면 신자는 모든 시련을 통해서 그리스도 안에서 인생의 보다 큰 곳으로 데려 가시는 신실한 하나님께 그 책임을 맡기는 것이 필요하다.

우리는 항상 하나님이 어떻게 우리를 다루시는가를 유념해야 한다. 우리의 믿음은 항상 현재 시제이다. 우리가 십자가에서 죽임 당하신 주님과 함께 못박혔다는 하나님의 말씀을 붙잡을 때에, "그의 믿은 바 하나님이 죽은 자를 살리시며 없는 것을 있는 것같이 부르시는 이"(롬 4:17)임을 믿을 수 있게 되고, 그의 창조시의 말씀으로 하나님은 지금도 우리 안에서 교통하시고 역사하신다는 사실을 분명히 믿게 된다. 여호와 하나님은 말씀으로 모든 것을 이루시는 분이다. 하나님이 세상의 창조시에 "있을지어다" 하니 있어졌다. 십자가에서의 하나님의 말씀은 창조시에 말씀하셨던 말씀과 같이 전능하신 말씀이시다. 여호와는 십자가의 그의 아들을 가리켜, "그와 함께 십자가에 못박혔다"라고 말씀하신 것이다. 그때에 그 영혼은 "아멘 그렇게 되기를 바라나이다"라고 응답했고, 십자가의 메시지는 믿는 모든 이들의 속에서 하나님의 능력이 되었다.

변환의 시기에 신자들은 또한 믿음의 방식에서 율법의 공로(또는 자기노력)로 되돌아가는 경향이 있다. "율법의 공로"로 되돌아가는 것이 바로 갈라디아 교인들의 위험이었다. 그들 안에 성령 역사의 즐거운 첫경험이 사라지고, 그리스도의 죽음 그리고 죽으시고 부활하신 그리스도 안에서의 믿음의 방식을 온전히 이해하지 못했을 때에, 그들은 자아나 그 행위에 의존했던 옛 삶의 방식으로 되돌아가도록 만드는 그 세력에 손쉬운 먹이로 떨어지는 상태에 놓이게 되었다.

그들에 대한 사도의 호소에서 우리는 갈보리로부터 돌아선 것이 바로 그러한 위험에 직면한 원인임을 분명히 알 수 있다. 또한 사도의 말을 통해서 갈보리에서의 그리스도의 역사는 크리스천 삶의 온 과정에서 영혼의 닻이 되어야 함을 깨달을 수 있다.

"십자가에 죽으신 예수는 당신의 눈앞에 보이는 플래카드가 되어야 한다"(라이트풋). "어리석도다 갈라디아 사람들아 예수 그리스도께서 십자가에 못박히신 것이 너희 눈앞에 밝히 보이거늘 누가 너희를 꾀더냐"라고 사도는 외친다. 사도는 자신이 고린도인들과 로마인들에게 설교한 그 순전한 복음보다 덜한 복음을 갈라디아인들에게 증거한 적이 없다. 그런데 어떻게 "그리스도의 죽음의 의미를 잊어버리고 자아로 되돌아가겠는가!" 하고 사도는 외치고 있는 것이다.

누가 갈보리로부터 그리고 그것이 의미하는 바로부터 당신의 눈을 다른 데로 돌리게 했는가? 누가 당신의 마음을 빼앗았는가? 어떤 미묘한 세력이 당신 위에 임했는가? "너희는 어리석지 않은가?"라고 사도는 외친다. 죽임당하신 그리스도를 향해 그들의 시선을 돌렸던 그들은 단지 "믿음의 메시지"를 믿음으로써 성령을 선물로 받았다(갈 3:2). 그리고 그들은 십자가의 말씀이 하나님의 능력이 됨을 알았다. 왜냐하면 하나님은 그들에게 성령을 풍성히 주셨고 그들의 믿음의 들음에 응답해서 기적을 그들 속에서 베푸셨기 때문이다(갈 3:5).

예수 그리스도의 십자가가 그들의 눈에서 가리워질 때 그들은 그리스도의 죽음의 의미를 알지 못할 것이다. 믿음의 방식이 드러나기 전에 그들은 율법 아래 갇혀 있었다. 왜냐하면 그들의 힘으로는 율법을 성취할 수 없기 때문이다. 십자가 위에 계셨던 그리스도만이 그들을 구원하신다. 그러므로 주님은 그들을 위해서 저주를 받은 바 되셨고, 오직 믿음에 응답해서만 성령을 그들에게 주시고 계속해서 역사하시는 것이다. "예수 그리스도 안에서의 믿음을 통해서 하나님의 자녀가 되었다는 것을 알지 못하느뇨?" 또한 "그리스도 안에서 세례를 받은 것처럼 너희들도 예수를 옷입었다는 것을 알지 못하느뇨?"라고 사도는 외친다.

그렇다면 과거의 그들의 모든 고통들은 헛된 것이 되었단 말인가? 하나님의 아들의 모든 특권 속으로 들어가는 대신에 율법의 매질 아래로 그들은 다시 자신을 가두어버린 것인가? "나의 자녀들아 너희 속에 그리스도의 형상이 이루기까지 다시 너희를 위하여 해산하는 수고를 하노니"(갈 4:19)라고 사도는 그의 영혼의 고뇌 속에서 외친다. 그리스도를 의지하는 단순한 믿음에서 자아와 그 행위에 대한 의존으로 돌아서는 것은 얼마나 한심스러운가? 나는 오직 이런 결과를 당신을 유혹하는 악한 세력에게 돌리고자 한다. 그 사악한 세력이 당신을 갈보리에서 돌아서게 한 것이다.

아! 슬프다. 그러한 교묘한 세력이 오늘날도 여전히 하나님의 사람들 가운데 역사한다. 그 세력은 못박히신 그리스도로부터 당신의 시선을 돌아서게 한다. 영혼의 대적자는 "사람들을 꼬시는" 방법을 알고 있다. 대적자는 우리를 갈보리의 십자가에서 돌아서게 한다. 그의 술수는 수도 없이 많다. 영적인 삶의 모든 성장 단계에서 그 대적자는 특별한 유혹으로 우리를 공격한다. 모든 진리의 왜곡이나 실수들은 갈보리를 지키지 못한 데에 그 원인이 있다. 즉 신자들의 삶의 중심이 되는 갈보리의 십자가를 지키지 못한 것과 하나님의 진리의 다른 모든 면들을 방사하는 중심적인 진리로서의 갈보리의 십자가를 지키지 못한 것에 그 원인이 있다. 모든 진리의 선을 넘지 말고, 오직 십자가의 빛 안에서 머물러야 한다.

십자가에서 죽으신 예수 그리스도를 계속해서 바라보는 것이 곧 믿음의 길인 것이다. 주님의 죽으심의 구별시키는 능력을 우리 안에 계속적으로 역사하게 만드시는 성령에 대한 끊임없는 의존이 바로 믿음의 길인 것이다. 우리로 그리스도의 생명의 활성이 있게 하는 성령에 대한 계속적인 의존이 바로 믿음의 길인 것이다. 그럴 때에야 그리스도가 우리 안에 온전히 새겨지는 것이다. 오직 믿음의 방식으로라야 신자는 그리스도의 장성한 분량에까지 이르게 되는 것이다.

    십자가의 말씀이 당신에게 하나님의 능력으로 임한다면, 그리하여 당신이 십자가에 못박히신 주님과 하나가 되는 것을 승낙한다면, 즉 당신이 부활하신 그리스도와 참으로 연합한다면 그리스도의 보혈피로 구속을 받은 우리 영혼은 죽임당하신 그리스도와 함께 거하면서 그리고 삼위일체 하나님을 찬양하면서 마음의 비전을 날마다 십자가로 향해야 한다.

    이를 위해 먼저, 하나님의 일에 있어서 믿음으로 당신에게 드러난 옛 삶의 모든 것을 지체없이 십자가의 죽음 앞에 내어놓으라. 그리고 십자가의 죽음을 증거하시는 성령을 의지하면서 저주스러운 것들을 당신으로부터 단절시키라. 영적인 삶의 전과정에서 하나님의 것이 아닌 것으로 당신에게 드러난 모든 것들을 신속하게 처리하라. 당신이 하나님의 빛 속에서 걸을 때에 그 빛은 당신의 길을 비추어 당신에게서 "잘못된 것"이 무엇인지를 밝히 보여주실 것이다.

    다음으로, 하나님에 대한 신실한 믿음으로 순간순간 살아가라. 성령께서 예수의 삶을 당신에게 교통하시는 것을 의지하라. 하나님의 능력에 당신 자신을 드리고, 그의 선하신 뜻대로 당신 안에서 역사하시는 분은 곧 하나님이시라는 믿음을 갖고 해야 할 "그 다음의 것"들을 행하라. 당신의 주님과 함께 걸으면서 발걸음을 내딛으라. 하나님의 손의 능력을 믿음으로써 그 발걸음을 내딛으라. 당신이 헛된 수고에 매질하지 않고 하나님의 사랑 속에 계속 거하라.

전적으로 하나님의 보호하심을 떠나지 말라.

또한 부활하신 그리스도 안에서 믿음으로 그리스도와 함께 걸으라. 당신 안에 보이는 모든 유혹들을 거부하라. 당신 자신을 의지하는 것에서 전적으로 돌이키라. 하나님의 말씀이 당신 속에서 풍성히 거하게 하라. 하나님의 뜻이 당신의 삶의 모든 방식에서 거하게 하라. 하나님께 당신의 간절한 마음을 드리라. 즉 하나님이 당신 삶의 모든 주변에서 나타나게 하라.

끝으로, 믿음으로 굳게 서라. 교만하지 말고 두려움을 가지라. 하나님의 은혜의 지난 경험을 그대에게 유용하게 하려면, 오직 당신의 주님을 의지하라. 시간마다 하나님으로부터 받은 것을 간직하라. 당신을 유혹하는 세력들을 항상 조심하라. 주님 안에서 안전히 숨어 있으라. 주님은 하나님의 보좌 앞에서 당신을 중보하신다. 당신이 그 빛 속에서 걸으면 당신이 행한 것을 빛으로 드러나게 하시고—그것이 하나님 안에서 행한 것인지를 그대에게 밝히 드러낼 것이고—하나님의 아들 주 예수 그리스도의 피는 당신을 모든 죄로부터 깨끗케 하실 것이며, 당신은 하나님과 더불어 축복받은 교제 속에서 걷게 될 것이다.

"또 약속하신 이는 미쁘시니 우리가 믿는 도리의 소망을 움직이지 말고 굳게 잡아"(히 10:23).

"우리는 미쁨이 없을지라도 주는 일향 미쁘시니 자기를 부인할 수 없으시리라"(딤후 2:13).

07

"손과 옆구리를 보이시니…이 말씀을 하시고 저희를 향하사 숨을 내쉬며 가라사대 성령을 받으라"(요 20:20-22).

십자가와 성령

"그리스도께서 우리를 위하여 저주를 받은 바 되사 율법의 저주에서 우리를 속량하셨으니 기록된 바 나무에 달린 자마다 저주 아래 있는 자라 하였음이라 우리로 하여금 믿음으로 말미암아 성령의 약속을 받게 하려 함이니라"(갈 3:13-14).

갈라디아 교회에 대해 사도 바울이 쓴 이 구절들은 성령의 선물이 갈보리의 십자가에서의 그리스도의 사역을 기초로 하고 있음을 보여준다.

십자가에 달리시기 전날 밤 제자들에게 했던 고별 설교에서 주 예수님은 성령의 직임을 미리 예고하셨다. 성부로부터 나온 진리의 영이 성자에 의해서 하나님의 것들을 가르치려는 특별한 목적을 위해, 주님의 구속받은 자들에게로 보내질 것이라는 것이다. 성령은 그리스도의 말씀을 생각하고 항상 그리스도만 증거하고 모든 심령을 진리 가운데로 인도하신다. 또한 성령은 자기에 대해 말하지 않고, 자신이 맡고 있는 사람들에게 성부와 성자의 마음을 전하며, 그들에게 하나님의 영원한 목적을 밝히신다. 또한 구속받은 사람들로 하여금 그리스도께 영광 돌리게 하고, 성령충만케 하며, 성령충만을 사람들에게 나타내신다.

부활하신 후 예루살렘의 다락방에 오셔서 주 예수님은 제자들 가운데 서셨다. 그는 제자들에게 십자가에 매달린 자국이 남아 있는 손과 옆구리를 보이셨다. "저희를 향해 숨을 내쉬며 성령을 받으라"(요 20:19-22)고 말씀하셨다. 승천하신 후에 그러니까 하나님의 오른손으로 높임을 받으신 후에, 우리 주님은 성부의 약속을 기다리면서 이 땅에서 마음을 같이하여 기도에 힘쓰는 무리들에게 성령을 부으시겠다는 성부의 약속을 받았다. 성자의 죽음과 부활에 대한 증인이 되는 사역을 위해, 그들을 구비시키기 위해 성령께서 오셨다.

성령께서는 제자들을 가르치시고 그들에게 그리스도의 말씀을 조명하신다. 성령께서는 그들의 선입관과 배경과는 전혀 다른 진리로 인도하시며 그리스도를 증거하고 지상에 있는 구속받은 자들에게 성부와 성자의 마음과 뜻을 전달하신다. 성령께서는 그리스도에게 영광을 돌리게 하고 성령충만케 하고 이것을 그들에게 알린다. 이것이 사도행전의 역사인 것이다.

성령의 가르침을 받은 사도 바울을 통해서 성령의 내주하심과 모든 심령을 소유하시는 것이 오직 갈보리의 근거 위에서만 가능하다는 것을 배우게 된다. 바울은 "그리스도께서 우리를 구속했고 우리는 성령을 받았다"고 쓰고 있다. 여기서 "구속했다"는 말은 갈보리를 회상하게 하는데, 이는 흠 없고 점 없는 어린양인 그리스도의 보배피로 된 것이다(벧전 1:19). 그뿐 아니라 그리스도는 우리를 위해 저주를 받은 바 되셨는데 우리는 그러므로 성령을 받은 것이다!―나무에 달린 자마다 저주 아래 있는 자라고 기록되어 있다―주님은 우리를 위해 저주를 받으심으로 우리를 구속하신 것이다. 결국 우리는 믿음으로 말미암아 성령의 약속을 받은 것이다(갈 3:13-14).

갈보리의 이중적 메시지는 성령의 선물과 명백하게 연관되어 있다. 그때 우리는 저주받았는데 그리스도께서 우리를 위해 저주받은 바 되셨다. 즉 우리의 대표자이신 주님은 우리를 자신과 함께 십자가로 데려온 것이다.

십자가의 저주가 성령의 약속과 연관되어 있다는 사실은 성령이 우리 가운데서 자유롭게 사역할 수 있는 조건들을 깊게 암시한다. 우리 존재가 저주받았다는 사실을 깨닫고 우리를 위해 죽으신 주님과 함께 우리도 또한 못박혔다는 갈보리의 메시지를 기꺼이 받아들일 때만이, 성령의 충만한 내주하심과 역사하심의 여지를 만들 수 있다.

"십자가는 성령께로 이끌고 성령은 십자가로 인도한다"(앤드류 머레이). 그리스도의 죽음을 통해서만이 사람은 오직 성령을 받을 수 있고, 그렇게 받은 성령에 의해서만이 신자는 그리스도의 죽음과 근원적으로 연합될 수 있다. 그렇게 되어야만 다시 사신 주님의 내주에 대해서 확실히 알게 되고, "나는 그리스도와 함께 못박혔다", "그리스도는 내 안에 사신다"고 진실하게 말할 수 있는 것이다. 십자가에서의 주님과 더 깊은 교제를 통해서만 우리는 성령의 충만함과 능력을 알 수 있다.

바울이 갈라디아 사람들에게 보내는 서신에서도 이 부분이 분명히 설명된다. 바울은 사람들 속에 역사하시는 성령의 사역에 근거가 되는 갈보리에 대한 내용을 썼다. 갈라디아 교인들은 성령을 받았지만, 십자가에 대한 보다 확고한 지식이 필요했다. 바울이 그랬던 것만큼 그들이 온전하게 그리스도와 함께 죽은 자신을 보았더라면 자기노력이라는 옛 단계로 되돌아가지는 않았을 것이다. 갈라디아 교인들은 율법의 저주가 율법에 순종하는 그 한 가지 일조차도 실패하게 만든다는 사실을 깨닫지 못했기 때문에 결국 그들은 자신에 대한 신뢰도 끝내지 못했다. 그들은 성령으로 시작했지만, 성령 안에서 어떻게 살아야 할지를 알지 못했다.

갈라디아 교인들에게 주는 바울의 말은 각 영혼에 내주하시는 성령의 사역과 관련하여, 갈보리의 십자가를 분명히 보는 것이 필요한 오늘날의 하나님의 자녀들에게 새로운 강조점으로 다가온다. 성령은 갈보리를 기초로 해서 사역하시고 구속하신 사람들에게 그리스도의 죽음이 의미하는 것만큼만 각 신자들을 소유하신다.

십자가는 성령에게로 이끈다! 그리스도의 대속 사역을 통해서 모든 심령은 성령을 받고, 받는 자의 자기항복에 반응하셔서 주님은 믿는 자들의 마음을 깨끗하게 해서 소유하신다(행15:9).

성령은 십자가로 인도한다! 이 말은 주 예수 그리스도의 생명을 강조한다. 주님께서 죽음의 강에 들어가서 죄인과 동일시되는 것을 선택하셨을 때 하늘이 열렸다. 또한 주님께서 요단강에서 세례를 받으실 때 성령이 주님에게 임하셨다. 그러나 이것은 참 갈보리가 아니었다. 요단에서 주님께 임한 성령을 통해 주님은 예루살렘에 가기 위해 얼굴이 굳세어졌으며 갈보리에서 죽음의 잔을 마시는 것이 가능했다. 십자가에 달리신 후에 주님은 성령에 의해서 생기를 띠고, 죽은 자 가운데서 일어나셨고, 성부 우편에서 추종자들 위에 기름을 부으셨다.

주님의 걸음을 따르려는 모든 이들에게도 역시 이와 같은 일이 생긴다. 성령은 요단강에서처럼 자신을 내어드리고 십자가를 받아들이는 사람을 통해 각 사람의 마음의 성을 소유하신다. 그리고 성령은 안에서부터 바깥으로 꾸준하게 진보를 이루시며 신자가 십자가와 진정한 교제를 하도록 이끄신다. 또한 성령은 삶의 새로운 부분을 다루고 새로운 필요를 밝히며, 이러한 필요에 대한 해답으로서 옛생명을 절단하는 능력인 그리스도의 죽음을 적용시킴으로써 그리고 새 피조물을 세우기 위해 다시 사신 그리스도의 생명으로 사역함으로써 십자가를 드러내신다.

성령을 처음 받을 때를 성령충만하다고 말하곤 한다. 그러나 성령을 받을 당시 그 사람의 수용력만큼만 채워지는 것이다. 그 사람의 수용력이 적을 수도 있고 또한 그가 만약 용량이 더 커지기 위해 성령께서 십자가로 인도하시는 것을 이해하지 못한다면, 그는 성령에 대한 수용력이 적은 그대로 남아 있을 것이다.

성령은 믿음에서 믿음으로 성령과 함께 사역하고, 성령을 신뢰하며, 기쁘게 기꺼이 "예"라고 하는 사람을 이끄신다. 주님이 하늘로부터 내려오실 때 그 수치의 모습이 변형되셔서 영광의 몸처럼 되시고, 또한 물리적인 죽음이 구속받은 자들에 대한 하나님의 뜻이었다고 말한다면, 성령은 죽음을 보지 않고 단지 잠을 자면서 주님과 영원히 함께 거하게 되는 그리스도 안에서 그러한 풍성한 삶으로 역사하신다. 죽을 운명은 "생명에 삼킨 바" 된다. "이제 이것을 우리에게 이루게 하시고 보증으로 성령을 우리에게 주신 이는 하나님"(고후 5:4-5)이시다.

하나님의 충만함으로 채워짐

"그의 성령으로 말미암아 너희 속사람을 능력으로 강건하게 하옵시며 믿음으로 말미암아 그리스도께서 너희 마음에 계시게 하옵시고…그리스도의 사랑을 알아…하나님의 모든 충만하신 것으로 너희에게 충만하게 하시기를 구하노라"(엡 3:16-19).

이 말씀들은 신자에게 내주하시는 성령의 사역을 간추려 놓은 것이다. 바울은 에베소인들이 성령을 통해 "능력으로 강하여지고"

믿음으로 말미암아 "그리스도가 마음에 계시기를" 기도한다. 성자의 내주를 나타내기 위해 성령은 구속받은 자들을 소유하신다. 성령은 온전히 형성되어야 하는, 즉 그리스도를 위한 제반 여건들을 구비시키기 위해 그는 신자들에게 능력을 준다. 갈라디아인들에게 보내는 바울의 글에 표현된 것처럼 그 여건이란 우리가 이미 본 것이다. "나는 그리스도와 함께 못박혔고 그리스도가 내 안에 사신다."

구속받은 사람들 편에서의 믿음이 다시 여기서 언급된다. 믿음은 그 대상과 떨어져 존재하는 것이 아니다. 믿음은 단순히 말씀 배후에 있는 하나님의 인격과 더불어 하나님의 말씀을 신뢰하는 것이다. "믿음은 들음에서 오고" 성령이 하나님의 말씀을 각 영혼에게 말씀하실 때, 신자는 하나님의 영에 의해 받아들일 수 있는 마음의 일깨움을 받는다. "너희는 그리스도 예수를 일으키신 하나님의 역사를 믿음으로 말미암아 그 안에서 함께 일으키심을 받았느니라"(골 2:12)고 바울은 골로새 교인들에게 편지를 썼다.

그러므로 우리는 우리의 필요를 공급해 주시도록 성령께 의탁해야 한다. 믿음으로 성령과 함께 협력해야 하고 십자가 위에서의 죽음으로 그리스도께서 우리에게 역사하신 것을 적합하도록 해야 한다. 불신앙은 죄라고 주님은 말씀하셨다. 자주 사람들은 이것이 불신앙의 능력 아래 잡혀 있는, 영혼이 고통으로 감수해야 하는 "연약"이라고 슬퍼한다. 그러나 우리는 불신앙을 죄로 다루어야 한다. 하나님께 불신앙을 죄라고 고백해야 한다. 우리는 죄인 불신앙을 끊어야 한다. 그리스도의 죽음을 통해 알고 있는 다른 죄만큼이나 우리는 간절히 불신앙으로부터 구출되길 기대해야 한다.

한 번 더 갈보리를 보자. 우리는 그리스도와 함께 못박혔다. 그러므로 우리에게 믿음의 영을 주신 살아 계신 그분께 우리를 맡기자. 그리고 믿음의 투쟁 속에서 우리의 일을 그치고 주님의 말씀에 의지하자—이를테면 굴복하자. 그러면 주님께 대해 어린아이 같은 신뢰를 하게 되고, 우리는 주님이 성부에 의해 사셨던 것처럼 성자에 대한 믿음으로 사는 것을 배우게 될 것이다. 그리스도께서 신자 안에 나타나시는 것같이 성령은 신자를 인도하여서 다른 성도들과 함께 그리스도의 사랑을 알아 그 넓이와 길이와 높이와 깊이를 이해할 수 있도록 강하게 만드신다. 갈보리에서의 주님의 죽음은 최고의 사랑의 현현이었다. "이해할 수 있도록 강해져라!" 주님의 고통을 나누는 것으로부터만 우리가 이해할 수 있기 때문에 우리는 신적인 능력이 필요하다. 마음으로만 다른 이의 슬픔을 이해하는 것으로는 같은 길을 걸을 때에 생기는 우정이 일어나지 않는다. "너희가 내 잔을 마실 수 있느냐"고 주님은 제자들에게 물으셨다.

그러나 그리스도를 갈보리로 이끌었던 사랑의 일부를 "이해할 정도로 강해지는 것"이 전부는 아니다. "그 위에 충만해야 한다"고 사도 바울은 쓴다. 바울 사도여, 어느 정도까지 해야 합니까? "하나님의 충만하신 분량에 이르기까지!"

십자가의 충성스러운 사도여, 그러나 이것은 우리가 할 수 있는 능력 바깥에 있지 않은가! 그렇다. 그렇지만 주님은 우리가 요구하는 모든 것 이상으로, 심지어 생각한 것 이상으로 풍성하신 분이시다. 왜냐하면 우리는 그 마음을 다 담을 수가 없기 때문이다. "우리에게 역사하시는 능력을 따라서" 우리는 그리스도의 사랑으로 채워질 수 있다. 채워지고 채워져서 "물이 불어 넘쳐서 헤엄칠 수 있는 물이 되는 것처럼"(겔 47:5) 하나님의 충만함에까지 채워질 수 있다.

*　　*　　*　　*

이 글을 읽는 몇몇 사람들은 "이 축복된 삶을 알고 있다"고 마음속에서 외침이 터져 나올 것이다. 하나님의 자녀여, 하나님의 성령의 사역을 신뢰하지 않고 갈보리의 구원을 헛되이 깨달으려 하고 있다면, 당신 존재 전체를 그분께 개방하고 당신 자신을 그분께 맡기라. 십자가에 못박히신 분과 반드시 연합하고 당신 안에 살아계신 주님을 나타내기 위해서는 성령님께 온전히 굴복해야 한다.

당신은 어떤 대가를 치르더라도 성령께 주저하지 않고 순종할 용의가 있는가? 그분께서 당신의 인생에서 온전한 권리를 행사하시는 것에 기꺼이 동의하는가? 지금 당신은 믿음의 메시지에 준비되어 있는가? 그렇다면 한 번 더 갈보리로 가보자. 돌아가신 주님을 바라볼 때 당신이 주님과 함께 죽었다고 쓰여진 하나님의 말씀을 믿게 될 것이고, 또한 신비 속에 있는 하나님의 지혜가 영원한 성령에 의해 당신에게 밝혀질 것이다.

"그러나 성령의 기름부음이란 무엇인가?"

당신은 왕의 사역 속에 존재하는가? 성령이 당신 속에 그리스도를 나타내시기 때문에 주님이 당신 안에 내주하실 뿐만 아니라, 당신이 그리스도의 몸의 한 지체인 것을 알고 있다. 당신이 그 몸의 한 부분으로 들어가게 될 때 추종자들 위에 그리스도를 부어주었던 거룩한 기름이 이제 주님의 옷가를 흘러내려서, 하나님의 뜻 안에서 모든 사역을 위해 당신의 몸 위와 아래로 기름부어진다.

하나님의 뜻에 당신 자신을 포기할 때 그리스도는 성령을 통해서 당신에게 강력하게 역사하실 것이다. 선물에는 다양성이 있지만 성령은 같음을 알라. 이 모든 일은 같은 한 성령이 일하시는데, 그 뜻대로 각 사람에게 나누어 주신다(고전 12:4-11).

성자는 의를 사랑하고 불법을 미워했기 때문에 기쁨의 기름부음을 받아 동류들보다 승하게 되었다(히 1:9). 그리스도는 죄를 깊이 미워하고 의의 하나님을 사랑하게 하신다. 당신은 사랑의 하나님으로서 뿐만이 아니라 끔찍할 정도로 거룩한 의의 하나님을 사랑하게 된다. 당신 앞에 있는 하나님과 닮지 않은 것들을 잘라내는 하나님의 엄격함을 당신은 동경하게 될 것이고, 그분의 거룩함에 참여하기 위해서 기쁘게 훈련받을 것이다. 그리하여 더욱 긴밀하게 주님과 연합하고 주님의 기름부음에 동참하게 될 것이다. 그분의 나라의 홀은 "의의 홀" 혹은 "엄격의 홀"인 것이다.

성령께 당신 자신의 여지를 드린 것을 안다면, 이제는 그분만 의지하며 성령 안에서 한 걸음씩 걸어라. 그리고 그분의 뜻과 기쁨만을 구하라. 그러면 그분은 당신을 인도하시고 주님과 동거하는 법을 가르치시며, 주님의 신비로운 몸에 당신의 자리를 어떻게 조절해야 하는지도 가르쳐 주실 것이다. 그러면 당신은 "주께 받은 바 기름부음이 너희 안에 거하나니 아무도 너희를 가르칠 필요가 없고 오직 그의 기름부음이 모든 것을 너희에게 가르치며 또 참되고 거짓이 없으니 너희를 가르치신 그대로 주 안에 거하는" 것을 알게 될 것이다.

갈보리 십자가
THE CROSS OF CALVARY

08

"오직 너희 자신을 죽은 자 가운데서 다시 산 자같이 하나님께 드리며 너희 지체를 의의 병기로 하나님께 드리라"(롬 6:13).

십자가의 삶

"한 사람이 모든 사람을 대신하여 죽었은즉 모든 사람이 죽은 것이라 저가 모든 사람을 대신하여 죽으심은 산 자들로 하여금 다시는 저희 자신을 위하여 살지 않고 오직 저희를 대신하여 죽었다가 다시 사신 자를 위하여 살려 함이니라"(고후 5:14-15).

십자가에 두 가지 측면이 있다는 것은 잘 알려져 있다. 지상적인 측면에서는 부정적인 죽음에서의 구출을 의미하며, 천상적인 측면에서는 살아 계신 주님과의 연합으로 말미암은 생명을 말하고 있다. 죄에 대한 그리스도의 대용물로서 그리고 주님을 믿는 모든 이들의 죄에 대해 그리스도와 함께 하는 죽음은 불가불리인 것이다. 즉 죽음과 생명은 크리스천 삶의 전체 노선에 있어서 절대로 분리되지 않는다.

"만약 우리가 그의 죽으심을 본받아 연합한 자가 되었으면 또한 그의 부활을 본받아 연합한 자가 되리라"고 바울은 로마서에서 쓰고 있다. 우리가 목도하는 것처럼 성령의 사역은 우리를 주님의 죽음의 실재를 함께하는 "중요한 연합의 동역자"로 만든다. 즉 나무에 접붙여짐을 통해서 실재적인 연합이 되는 것이다. 이처럼 중요한 연합이 무엇을 뜻하는지는 갈보리 십자가에서의 그리스도의 사역에 의존하는 믿음의 반응으로서의 성령의 일하심을 통해서 알게 된다.

성령은 "십자가의 도"를 사용한다. 이 말씀은 "살았고 운동력이 있어 좌우에 날선 어떤 칼보다도 예리하여" 혼과 영과 및 관절과 골수를 찔러 쪼개기까지 하며 또 마음의 생각과 뜻을 감찰한다. 그리고 위로부터 받은 생명이 방해받지 않고, 구원받은 사람이 진실하게 십자가의 삶이란 측면에서 살 수 있도록 새 생명으로부터 옛 생명을 분리시킨다.

다시 사신 주님과 동떨어져 있는 "부활 생명"은 없다는 것을 명심해야 한다. 우리가 주님 안에서 인생의 새 길을 가기 위해서는 주님과 함께 못박히고 살아 계신 주님과 연합해야 한다. 부활 생명은 역시 계속된다. 오래 전에 위기 상황을 통과했던 경험이 아니고, 살아 계신 그리스도이신 부활의 주님이 우리 안에 거하셔서 그분이 그렇게 하도록 했던 여건들을 우리가 완수하는 데까지, 우리에게 그분의 강력한 에너지를 부으신다.

더욱이 생명은 복사될 수 없고 부활 생명의 소유권을 주장한다고 해서 부활 생명을 가져오게 할 수 있는 것이 아니다. 생명의 확신은 생명이 있게 하는 데 도움을 주지 못한다. 생명 자신의 스스로 나타나는 능력으로 인해서만이 자신을 증거한다.

하나님께 감사하게도 그리스도와 연합한 생명은 진정한 생명이며 논의할 여지없이 역동적인 능력이 된다. 이 생명은 사람들로 하여금 다시 일어나신 그리스도와 살아 있는 관계를 맺게 한다. 이는 "장차 올 시대의 능력"의 일부분을 보게 하고 영원의 관점에서 시대의 산물을 보고, 이 지상의 관심거리와 매력을 바깥으로 들어올리게 하기 위해서이다.

십자가의 부활에 있어서 못박힌 예수 그리스도가 마음의 눈앞에 나타나고, 사람들이 그분의 죽음의 새로운 부분을 배우게 될 때까지 성령은 갈보리의 십자가를 조명하신다. 그리고 마음과 생명의 정화와 아울러 죄의 속박에서의 구원을 알게 될 때까지 주님이 마음의 왕좌에 좌정하시지 않은 것이며, 갈보리에 담겨 있는 더 깊은 교훈이 성령에 의해 전달되지 않은 것이다.

고린도후서 5:14과 그 뒤의 구절에서 사도 바울은 십자가의 부활 측면에 있어서의 생명을 묘사한다. 그리고 하나님으로 말미암은 생명의 근간으로서 갈보리에서의 죽음을 보여준다.

새로운 생명의 동기가 되는 능력

"그리스도의 사랑이 우리를 강권하시는도다"(고후 5:14).

바울이 사용한 "강권하다"라는 말은 신약 헬라어에 여러 번 나온다. 이 말은 압도하거나 그리고 저항할 수 없게 꽉 쥐는 것 혹은 강압을 뜻한다. 이것은 빌립보서 1:23의 "끼었다"는 상황과 같고, 한편으로는 주님께서 자신 앞에 놓여 있는 고난의 세례를 언급하실 때에 쓰였다. 세례를 이루기까지 주님께서는 답답하다고 말씀하신다(눅 12:50). 이 단어는 예수님을 붙잡은 사람들의 손을 의미할 때 사용되었고 그리스도 앞에서 큰 두려움에 "사로잡힌" 사람에게 적용되었다. 시몬의 장모가 큰 열병에 "걸렸을 때"도 이 말이 사용되었다.

이러한 예들에서 상관 관계를 살펴 보면, 바울이 자신을 강권하시는 그리스도의 사랑을 말할 때 그 사용된 단어의 의미를 밝힐 수 있다. 한치의 오차도 허용 않는 한 통로에서 그는 끼어 있고 에워싸여 있다. 그는 위대한 사랑에 붙잡혀 있고 사랑으로 다스려진다. 그래서 어떤 한 길로만 가는 급류처럼 앞에 다가오는 모든 것들을 제쳐 버리고 전진할 것을 강요당한다.

그것이 바로 그리스도의 사랑이다. 그분은 하나님과 동등되시나 그 마땅한 상을 취할 것으로 여기지 아니하시고 자신을 비어 인간의 모습이 되셔서 스스로를 겸손케 하심으로 죽기까지 순종하셨다. 십자가에서의 죽음까지 말이다.

그리고 이 사랑은 살아 계신 주님과의 연합 속에서 새로운 생명을 태동하게 하는 능력인 것이다. 성령은 사랑을 마음에 넓게 퍼지게 하고, 자기사랑과 이기주의를 벗어버리게 하며, 심령을 완전하게 붙든다.

새로운 생명의 기초

"한 사람이 모든 사람을 대신하여 죽었은즉 모든 사람이 죽은 것이라"(고후 5:14).

으레 그렇듯이 바울은 그리스도의 죽음이 새로운 생명의 기초가 됨을 확실하게 보여준다. 다른 구절과는 달리 십자가의 이중적 메시지를 명확한 문장으로 간추려 말한다. 구세주는 죄인들의 대체품이었다. 주님은 "모든 이를 위해 죽었다." 즉 주님이 특별히 위해서 죽은 모든 이들은 그분과 함께 죽은 것이다. 그러므로 "모든 이가 죽었다."

"그리스도의 사랑이 나를 강권한다"고 바울은 외친다. 나는 갈보리에 있었고 죽으시는 인자의 죽음에 동참했고 또한 나의 죽음도 보았기 때문이다. 주님을 갈보리로 이끌었던 그 사랑은 성령에 의해 내 마음에 넓게 퍼져 있는 그 사랑이다. 이제 그 사랑이 주님을 십자가 앞으로 밀었던 것처럼 나를 강권한다.

새로운 생명의 목적

"저가 모든 사람을 대신하여 죽으심은 산 자들로 하여금 다시는 저희 자신을 위하여 살지 않고 오직 저희를 대신하여 죽었다가 다시 사신 자를 위하여 살게 하려 함이니라"(고후 5:15).

주님과 함께 죽었던 이들은 이제 그분의 생명으로 산다. 그들은 주님의 죽으심이 자신들을 위해서였고, 주님의 사심도 자기들을 위해서였음을 깨닫는다. 그래서 그들은 이제 자신을 위해서가 아니라 주님을 위해서 살 것에 기쁘게 동의한다.

그들은 자신들이 주님과 함께 못박혔음과 죽으시고 부활하신 주님이 자신들의 비전을 채우며 몸으로 산 제물이 될 것을 강요하시는 것을 본다. 이 제물은 거룩하고 하나님께서 받으실 만하고 기쁨으로 드리는 온당한 제물이다.

십자가의 끊는 능력

"그러므로 우리가 이제부터는 아무 사람도 육체대로 알지 아니하노라"(고후 5:16).

십자가의 조명 속에서 바울은 바리새인으로서 예루살렘 거리를 걸었던, 당시에 갖고 있던 관점과는 다르게 사람들의 세상을 조망한다. 그때 그는 히브리인 중에 히브리인이었다. 사마리아 사람들과는 상관하지 않았다. 그러나 그의 배타적인 모든 계급은 갈보리의 빛과 부활하신 주님과의 연합된 생명 속으로 사라졌다.

"그 후로 육체대로 인간을 알지 않는다"고 바울은 외친다. 모든 차별이 없어진 영역에 이제는 살고 있고 "유대인이나 헬라인이나…다 그리스도 안에서 하나"이기 때문이다.

진리로 인해 사람들에게 분리되는 것은 "너 자신을 보라 나는 너보다 거룩하다"라고 말하는 유의 배타적인 거룩함이 아니라, 성령의 내주하심으로 인해 하나님에게로 나누어지는 것이다. 하나님을 향해 사는 사람은 그런 사람들을 그리스도가 위해서 죽은 심령들로 간주하기 때문에 그들에게 더 가까이 나아간다. 그리고 주님의 관점에서는 유대인이나 헬라인이나 구별이 없다는 것을 알고 있다. 바로 그 동일한 주님이 모두의 주님이시고, 그분은 당신을 의지하는 모든 이에게 부요하시다. 주님을 위해서, 주님처럼 모든 사람의 종이 되기 위해서 이 땅에서의 배타적인 자랑을 십자가로 끊는다.

그러나 바울은 "육체를 따라" 그리스도를 아는 것을 십자가와 성령의 능력으로 단절되어야 할 지식으로 이해한다. 그리스도에 대한 지식은 말하자면 외형적인 지식이다. 갈보리 앞에서 주님을 알고 있었던 제자들도 그들이 주님을 알았지만, 주님이 인간의 몸이라는 베일에 있었기 때문에 아직 주님을 제대로 안 것이 아니었다.

심지어 오늘날도 역사적인 예수를 아는 것은 가능하다. 그의 삶, 죽음, 부활, 승천 이 모든 것들은 외적인 사실들로 마음에 전달될 수 있지만 삶에서 참 능력을 발휘하지 못할 수 있다. 십자가의 생명이라는 측면에서 그리스도의 죽음에의 참여는 모든 것을 변화시킨다. 성령은 부활한 주님을 드러내고 영을 좇는 살아 계신 신으로 알려져 있다.

그리스도 안의 새로운 생명

"그런즉 누구든지 그리스도 안에 있으면 새로운 피조물이라 이전 것은 지나갔으니 보라 새 것이 되었도다"(고후 5:17).

16-17절의 "그러므로, 그런즉"은 14절에 뒤이은 것이다. 어떤 사람이 주님의 죽음으로 세례받고 십자가의 문을 통과하여 그리스도 안에 있게 된다면, 이 사람에게는 그리스도가 새로운 생명의 원천인 동시에 배경이 된다. 살아 계신 주님과 연합하게 되면 옛 것은 다 지나간다. 그리스도 안에 있으면 옛 것의 개량이나 수량이 아닌 새로운 피조물이 되기 때문이다.

십자가의 생명으로 살아 계신 그리스도와 연합한 사람은 "새 사람"(골 3:10-11)을 입은 것이다. 날마다 성령께서 공급하심으로 새 사람은 창조자의 모습과 보다 완전한 지식에로 계속 자라간다. 그리고 만유이시고 만유 안에 계신 그리스도의 영역으로 자신을 창조하신 주님의 형상을 좇아 성장한다. 아이는 당연히 아버지를 닮으면서 자라간다.

우리가 그리스도와 함께 하는 죽음을 서슴없이 인정하고 하나님을 따라, 의와 진리의 거룩함으로 지으심을 받은 새 사람이 성장할 수 있도록 옛 것들을 몰아낼 것에 동의한다면(엡 4:24), 그 새 생명이 구속받은 이들에게 전달되고 우리들은 새로운 피조물의 창조주이신 하나님의 형상으로 자라게 된다.

다른 이들에 대한 새로운 봉사

"모든 것이 하나님께로 났나니 저가 그리스도로 말미암아 우리를 자기와 화목하게 하는 직책을 주셨으니 이는 하나님께서 그리스도 안에서 화목하게 하는 말씀을 우리에게 부탁하셨느니라 이러므로 우리가 그리스도를 대신하여 사신이 되어…"(고후 5:18-20).

하나님에게로의 분리를 확실하게 아는 새 사람은 더 이상 세상의 여러 사연에 근거하여 사람을 만족시키지 않고 우리 모두를 위해 돌아가신 주님의 이름으로 행하게 된다. 하나님은 이들에게 "화해의 임무"를 맡기신다. RV판 난외주는 암시적이지만, 하나님께서 자신의 대사들에게 화해의 말씀인 십자가의 메시지를 주었다고 말한다.

에스겔이 이스라엘 민족에게 하나님의 말씀을 말하기 전에 두루마리를 먹었던 것처럼, 이 메시지는 그들의 심장과 존재에 역사한다. 그리스도의 대사들은 하나님의 편에서 그리스도를 위해 진실하게 준비해서 말한다. 이들은 주님이 위해서 죽은 사람들에게

"하나님의 은혜를 헛되이 받지 말고" 구원의 날에 주님의 부름에 귀를 기울이라고 간청한다.

외적인 삶

"이 직책이 훼방을 받지 않게 하려고 무엇에든지 아무에게도 거리끼지 않게 하고 오직 모든 일에 하나님의 일꾼으로 자천하여 …"(고후 6:3-4).

고린도후서 5:14에 서술된 십자가의 기초로부터 우리는 갈보리에서 생긴, 죽으시고 다시 살아나신 주님과의 연합 가운데 살게 된 생명의 성격과 한결같은 진보를 보았다. "더 이상 자신을 위하지 않고"는 확고한 결심이 되고 "나를 위해 죽으신 주님을 위해"는 사장되지 않는 목표가 된다.

타인을 향한 행동의 원칙은 "모든 이들을 주님이 위해서 죽은 사람들로 본다"는 것이다. "옛 것이 지나갔다"는 말은 과거를 바라보는 계속적인 태도이다. 이는 "주님이 내 안에 화해의 말씀을 두셨다"는 말은 타인에 대한 일관된 책임에 대한 표현이다. "주님과 함께 일한다"는 모토는 매일 은근하면서도 유의해야 하는 태도이다.

"더 이상 자신을 위하지 않는다"는 모토는 사도 바울의 삶을 간단하게 스케치한 구절들 속에서 생생하게 나타난다(고후 6:4-10). 그의 외적인 환경은 고난, 궁핍, 곤란, 강탈, 갇힘, 소동, 수고, 조심, 닫힘이었다.

그러나 새 생명에서는 깊은 인내, 순수, 하나님에 대한 지식, 오래 견딤과 친절이 더욱 분명하게 나타났다. 성령과 진정한 사랑으로 진실하게 사는 삶은 하나님의 능력을 드러내는 진리의 말을 한다.

의의 갑주로 모든 면에서 보호를 받으며 바울은 영광과 불명예를 모두 거치는 삶을 살았다. 그에 대한 악의적인 소문과 호의적인 소문이 오르내렸으며, 심지어 기만자로 여겨졌으나 그는 여전히 진실했다. 무명한 자 같으나 유명한 자였고, 죽은 자 같으나 자신에게 있는 생명의 새롭게 하는 능력으로 살아 있었다.

그는 매서운 고난의 징계를 받는 자 같으나, 원수가 그의 생명을 건드릴 수 없기 때문에 죽임을 당하지 않았다. 죽어가는 세상의 필요에 대해 근심하지만 알고 배우기를 원했던 그는 주님 안에서 항상 기뻐했다. 모든 것에서 가난했으나 영원한 보배로 인해 매우 부유했고, 자신을 위해서는 자기 안에 아무것도 소유하지 못했지만 그리스도 안에서 모든 것을 지녔다. 이는 주님 안에 지혜와 지식의 모든 보물이 숨겨져 있기 때문이다.

이러한 구조 속에서는 자신을 위한 삶을 살 여지가 없다. 하나님의 자녀여, 당신이 진실하게 주님과 연합하고 그분의 죽음을 따른다면 갈보리에서 생겨난 이 생명을 알게 될 것이고, 하나님께 영광과 찬양을 드리기 위해 주님이 걸으셨던 것처럼 걷게 될 것이다.

얻음 대신에 잃음으로 너의 생명을 측량하라.

포도주를 마신 것으로가 아니라 포도주를 준 것으로,

사랑의 힘은 사랑의 희생 속에서 세워지고

가장 많이 고통을 겪은 사람은 줄 것이 가장 많이 있다.

09

"예수도 자기 피로써 백성을 거룩케 하려고 성문 밖에서
고난을 받으셨느니라 그런즉 우리는 그 능욕을 지고
영문 밖으로 그에게 나아가자"(히 13:12-13).

세상에 대해서 못박힘

"그러나 내게는 우리 주 예수 그리스도의 십자가 외에 결코 자랑할 것이 없으니 그리스도로 말미암아 세상이 나를 대하여 십자가에 못박히고 내가 또한 세상에 대하여 그러하니라"(갈 6:14).

갈보리의 부활에 있어서 사도는 자신과 세상 사이에 있는 십자가의 구별하는 능력 속에서 세상을 조망하고 십자가를 한 번 더 주목한다. 갈보리에 흐르는 하나님의 빛과 더불어 "하나님께서 내가 영광받는 것을 금하신다. 그리고 십자가에서 구하라"고 말씀하신다고 그는 외친다.

사도는 십자가에 대한 핍박을 피했던 어떤 이에 대한 기억의 폭발로 인도된다. 바울의 일생에 있어서 십자가는 특별한 "걸림돌"이었다. 십자가는 모든 사람들에게, 즉 유대인이나 이방인에게 완

전한 구원을 주었고 외적인 할례의식으로부터 자유롭게 했다. 이것은 배타적이고 육체의 율법을 요구하는 유대주의의 끝을 의미했다. 하나님은 영이시다. 하나님은 신령과 진리로 예배하는 자들을 찾으신다. 이런 사람들이 심령의 영적인 처소에서 찬양의 영적 제사를 하나님께 드리게 된다.

이런 복음의 필요를 선포하는 것이 걸림돌을 의미하게 되고, 인간보다는 그리스도를 즐거워하는 것이 된다. 바울은 그리스도와 함께 십자가에 못박혔다고 종교적인 세상에 외친다. 뿐만 아니라 주 예수 그리스도께서 바울 자신에게 십자가를 드러내셨을 때, 주님의 십자가가 역시 그러했던 것처럼 사도 바울은 십자가가 자신을 못박는 도구라고 간주한다.

"사실 나는 모든 것에서 고난을 겪었다. 그러나 하나님께서는 그리스도를 위해서 많은 고난을 겪은 것에 대해 생각하지 말고 오히려 나를 위해 예수께서 고난당하신 것을 자랑으로 여기라고 말씀하셨다." 모든 것에 비추어 볼 때 갈보리는 사도에게 있어서 "십자가에 대한 범죄는 자신의 교만"임을 깨닫게 했다. "하나님께서는 내가 그리스도의 십자가 이외에 어떤 것도 자랑으로 여기는 것을 금하셨다. 십자가에서 나는 세상에 대해 못박혔고, 세상은 나에 대해서 못박혔다. 이제부터는 우리 각자는 다른 이에 대해 죽었다. 그리스도 예수 안에서 옛 것들은 지나갔다. 할례도 아니고 무할례도 아니다. 모든 외적인 구별들은 없어졌다. 모든 면에 있어서 새로운 영적 창조물이 된 것이다."

이러한 갈보리에 대한 관점은 십자가의 생명이란 면에서 알려진다. 이러한 사실은 하나님의 조명하에 하나님의 지혜와 능력으로서 십자가의 영광을 두드러지게 한다. 이전에 우리는 십자가의 요구로부터 뒷걸음질쳤고 십자가는 이별과 죽음을 말하는 것처럼 생각했다. 그러나 우리의 심령이 살아 계시는 분과의 친밀한 교제를 할 때, 갈보리에서의 예수님의 죽음은 천상의 빛으로 조명된다. 그리고 비전은 그리스도의 고난의 깊이를 알도록 더욱더 날카롭게 커져간다. 그 영광은 "천사들도 살펴보기를 원하는 것"(벧전 1:12)이다.

　바울에게 있어서 십자가는 자신과 그리고 현존하는 악한 세상 사이에 존재하는 거대한 심연이다. 그리스도와 함께 십자가에 못박힘은 죄의 횡포와 율법의 주장에서 벗어날 뿐만 아니라, 모든 양심에 있어서 세상 자체에서 벗어나는 것이다. 예수 그리스도께서는 "이 악한 세대에서 우리를 건지시고"(갈 1:14), "흑암의 권세"(골 1:13) 즉 어두움의 세상 주관자들에게서(엡 6:12) 구하시며 주님의 왕국으로 옮겨 놓으시기 위해 돌아가셨다.

　그러므로 우리는 세상에 대해서 못박혔다. 단순히 세속적인 것들과 방법들에 있어서 그런 것이 아니라 세상 그 자체에 대해서이다. 우리는 그리스도와 함께 못박혔기 때문에, 예수께서 나무에 매달리실 때 세상이 그를 쳐다보았던 것처럼, 세상이 우리를 쳐다볼 것을 예상해야 한다. 또한 우리는 십자가에 못박힌 예수님의 영으로 우리를 십자가에 못박은 사람들을 위해 기도해야 한다.

십자가의 조명 속에서 세상을 바라보는 것은 우리로 하여금 한 번 더 갈보리라고 불리는 장소로 나아가게 한다. 또한 성자 하나님을 향해 "악의 세상"을 구성하는 모든 요소들을 주목하고, 그리스도와 연합된 모든 이들이 그리스도와 함께 고난을 받으며 아울러 함께 영광을 받는다는 것을 알자.

> "군병들이 예수를 십자가에 못박고 그의 옷을 취하여…이것을 찢지 말고…제비 뽑자"(요 19:23-24).

십자가 발치에서 네 명의 군병들이 제비뽑기를 할 때, 우리는 다른 이의 고통에 무감각하고 권력자를 이용하는 인간존재를 보게 된다. 안타깝게도 오늘날 대다수의 사람들이 그리스도의 사형집행인으로 형상화된다. 그들은 "우리가 죽게 될 내일을 위해 먹고 마시자"라고 외치며 현재의 물질적 필요 이상의 것들은 생각하지 않는다. 못박히는 것에 동조한 사람들과 다른 사람들에 대해 민감했던 사람들은 이 악한 세상에서 그러한 요소에 해당하는 고통을 받을 것이다. 아! 오히려 권력을 쥐고 있는 자가 얼마나 더 불쌍한가!

> "대제사장들도 서기관들과 장로들과 함께 희롱하여 가로되…지금 십자가에서 내려올지어다 그러면 우리가 믿겠노라"(마 27:41-42).

한편 예수님의 십자가를 거부하는 종교적인 세상이 있다. 그들은 십자가에 못박힌 주님을 따르려고 하지 않는다. 이들은 잔치의 상석과 회당의 상좌 그리고 시장에서 문안받는 것과 랍비라 칭찬 받는 것을 좋아한다(마 23:6-7). 그들은 말만하고 행치 아니하며 자신의 모든 행위를 사람에게 보이기 위해서 한다(마 23:3-5). 비록 20세기에도 십자가에서 죽은 예수님의 이름을 붙들고 있긴 하지만, 이 종교적인 세상은 십자가를 사랑하지 않고 있다. 우리가 권력을 사랑하고 사람에게 영광을 돌리는 것은 십자가의 정신에 위배된다.

> "지나가는 자들은 자기 머리를 흔들며 예수를 모욕하여 가로되 아하 성전을 헐고 사흘에 짓는 자여 네가 너를 구원하여 십자가에서 내려오라 하고"(막 15:29-30).

군중들은 십자가를 지나갈 때에 전체의 외침에 합세한다. 그들은 인간 지도자들에 의해 인도받는 양무리들이다. 이들은 지도자의 마음을 감지하고 세속적인 시간의 영에 의해 재빨리 움직인다. 또한 십자가를 지나가면서 못박힌 사람을 비난하고 예수님이 전에 하셨던 말들을 내뱉는다. 많은 무리와 더불어 군병, 도둑, 관리, 대제사장, 장로, 서기관은 그 두려운 날에 모두 한마음이었다. 종교인, 거칠게 행하는 군병, 범죄자, 세상 사람들 모두 서로를 분리시키는 담을 잊고서 갈보리에서 연합했다.

하나가 된 사람들의 입술에서 "그가 만약 그리스도라면 자신을 구하게 하라"는 외침이 나왔다. 십자가가 그들에게는 예수께서 하나님의 아들이 아니라는 증거로 보여졌다. 초자연적인 표적을 보이라, 그러면 믿을 것이다. "내려오라." 당신이 메시아임을 증명하기에 아직도 늦은 시간은 아니다―그것이 전부였다. 오늘날도 그렇다. 존재하는 악한 세상의 모든 것들이 갈보리에서 연합하였듯이 육적인 것, 세상의 지혜, 범죄인들, 관습적인 종교가들은 특별히 악한 세력과 연합하여 십자가에 대항하여 큰 반란을 일으킨다.

또 하나의 부류들은 예수님의 십자가 옆에 서 있던 적은 무리들로서, 이들은 자신을 세상에 대해서 못박힌 자들로 여기고 십자가를 외친다. 십자가는 예수님을 못박는 도구일 뿐만 아니라 그들 자신을 못박는 도구도 된다. 십자가는 다시 한번 구분짓는 능력을 행사한다. 갈보리에는 중립 지대란 없다.

우리는 그 끔찍한 날에 예수님의 십자가 옆에 서서 "십자가에 대한 범죄는 나의 교만함"이라고 외친 적이 있는가? 십자가를 받아들이고 세상에 의해서 배척받는 것에 동의한 적이 있는가?

세속적인 세상에서 우리는 자신의 목표나 관심거리를 찾으며, 또한 자신에게 영광 돌리고 자기를 사랑한다. 비록 종교적인 세상일지라도 세상의 요소들이 종교적인 세계와 상존하는 한, 그것은 우리와 주님 사이를 간섭하려고 할 것이다. "예수도 자기 피로서 백성을 거룩케 하려고 성문 밖에서 고난을 받으셨느니라 그런즉 우리는 그 능욕을 지고 영문 밖으로 그에게 나아가자"(히 13:12-13).

크리스천의 삶에 있어서 세상적인 요소들

"너희가 세상의 초등학문에서 그리스도와 함께 죽었거늘 어찌하여 세상에 사는 것과 같이 의문에 순종하느냐"(골 2:20).

갈라디아 신자들은 크리스천의 경험에 있어서 성장을 위해 율법의 공로를 신뢰해서 행위로 되돌아가려는 위험 속에 있었다. 반면에 골로새 신자들은 그리스도로부터 또 다른 길로, 즉 철학과 관습의 길로 이끌렸다. 바울은 이것을 두고 간명하게 "그리스도를 따르지 않고 세상적인 것들을 따랐다"라고 말한다.

갈라디아인들과 골로새인들에게 바울은 동일한 메시지를 준다. 그는 골로새인들을 위해 그곳의 아우성 소리에 더 많은 말을 덧붙이지는 않는다. 그들은 인간의 교훈과 교리로 인해 이미 혼란에 빠져 있었다. 고기 먹는 것과 마시는 것과 절기들로 인해 한 편이 다른 편을 판단하고 있었다(골 2:16). 옛 법 아래에 있는 그러한 외적인 것들은 그리스도 안에서 장차 올 것들의 그림자에 불과하다. 그것은 지금 별로 중요하지 않다.

사도는 그들을 갈보리로 데리고 가서 말한다. "너희들이 그리스도와 함께 죽었다면, 왜 아직도 세상 속에서 사는 것처럼 행동하는가? 왜 너희들은 세상의 초등학문으로 되돌아가서(골 2:20), 그 본 것을 의지하고 그 육체의 마음을 좇아 헛되이 과장하는(골 2:18) 자들의 법에 복종하느냐? 너희는 그의 몸인 교회의 머리이시고,

지체들의 생명되신 그리스도를 견고히 붙들지 않느냐? 그리스도는 그분의 지체들의 생명이시고, 하나님의 자라게 하시는 자발적인 생명력이 그분의 몸을 자라게 하는 것이다"(골 2:19).

"너희가 그리스도와 함께 죽었고 이제 너희의 생명되신 그리스도와 연합했다면, 어찌하여 건드리지 말아야 할 것들로 되돌아가느냐? 이러한 모든 외적인 것들은 세상의 물건들과 함께 썩어질 것이다. 식물은 우리를 하나님 앞에서 세우지 못하나니 우리가 먹지 아니하여도 부족함이 없고 먹어도 풍성함이 없으리라"(고전 8:8).

바울은 모든 금욕주의가 지혜의 모습은 있으나 하나님 앞에 서는 데에는 자의적 숭배(골 2:23)에 불과하며, 또한 겸손의 모습과 육체에 대한 현명한 단절로 보이나 이런 것들은 육체 좇는 것을 금하는 일에 조금도 유익이 없다(골 2:23)라고 말한다.

골로새 교인들은 세상의 이런 것들—인간의 규례를 좇은 것—로부터 그리스도와 함께 죽었다. 즉 자기 자신을 정복할 수 있다고 생각한(이것은 참으로 그리스도를 따르는 것이 아니다) 인간 마음의 헛된 계략의 성과에서 골로새 교인들은 죽었다. 예수 안에서만이 진정한 할례, 마음의 할례가 있다(골 2:11). 그들은 예수님과 함께 예수님의 무덤에 묻혔고 새로운 생명을 예수님과 더불어 갖게 되었다. 그러므로 그들은 이 세상에서 사는 것처럼 행동해서는 안 된다.

그리스도와 함께 못박혔다면 그리스도와 함께 일어나야 한다.

이런 마음의 신념이 초자연적인 능력, 그리스도의 부활의 능력을 가져오게 한다. 외부의 것들을 끊고 이것을 해야 하는지 저것을 해야 하는지를 묻는 것에 착념하지 말고, 위엣 것을 찾고 그리스도 안에서 하늘의 온전함을 생각해야 한다. 사도는 되풀이하여 말한다. "이는 너희가 죽었고 너희 생명이 그리스도와 함께 하나님 안에 감추었음이니라"(골 3:1-3).

그들은 옛 생활로부터 그리스도의 생명으로 나오기 위해 고초를 겪었다. 그리고 하나님으로부터 이 생명을 통해 자신들의 지체를 죽였다(골 3:5). 그들은 육체의 탐닉에서 벗어나는 비밀을 배울 수 있었다. 사실 골로새 교인들을 맹렬하게 공격했던 위험물들은 자주 거룩과 성별이라는 이름으로 오늘날 우리를 괴롭히는 것들이다.

세속적인 크리스천들은(이 얼마나 모순된 말인가!) 이런 특별한 올가미에 걸리지 않는다. 그러나 주님을 따르기를 갈망하는 이들은 그들의 사역에 큰 애정을 품고 있다고 하는 인간들의 교훈에 쉽게 영향을 받는다.

그리스도의 십자가가 그 해결의 메시지가 된다. 모두를 위한 구제책이 된다. 우리는 마음을 다해 그리스도와 함께 못박히는 것을 동의해야 한다. 그렇게 되면 오래지 않아 세상이 우리에 대해 못박힌 것을 발견하게 될 것이다. 또한 세상은 우리를 잡아끄는 능력을 잃게 될 것이다. 만약 우리가 못박힐 것에 동조하지 않으면, 세상이 주님 앞에서 걷고 있는 우리들을 영적인 면에서 영향을 미치게 된다.

육신의 정욕, 안목의 정욕, 이생의 자랑 등이 바로 그 세상적인 것들이다. 이러한 것들은 다 아버지께로 좇아온 것이 아니요 세상으로부터 온 것이다(요일 2:16). 이런 모든 것들이 우리에 대해서 못박혀야만 우리는 이 세상을 극복할 수 있을 것이다. 우리 안에 계신 이가 세상에 있는 이보다 크시기 때문이다(요일 4:4).

연합의 근원으로서의 십자가

"이제는 전에 멀리 있던 너희가 그리스도 예수 안에서 그리스도의 피로 가까워졌느니라 그는 우리의 화평이신지라 둘로 하나를 만드사 중간에 막힌 담을 허시고…또 십자가로 이 둘을 한 몸으로 하나님과 화목하게 하려 하심이라 원수된 것을 십자가로 소멸하시고"(엡 2:13-16).

갈보리의 십자가가 하나님의 자녀와 세상 사이에서 대단한 구별의 능력을 갖고 있다면, 동일하게 갈보리의 보배피는 하나님께로 가까이 나아가는 우리 모든 사람들을 하나로 묶어 주는 능력이 있다. 피로 산 하나님의 자녀들이 예수 그리스도 안에서 모두 하나됨을 가장 극명하게 깨닫게 되는 것은 십자가의 생명의 측면에서이다. 갈보리의 메시지는 하나님과의 화해라는 견지에서 죄인들에게 선포되야 한다. 사람과 사람 사이에, 더욱 그리스도를 따르는 자들이라고 고백하는 이들에게 하나됨의 토대에서 강력하게 선포되어야 한다.

우리는 하나님의 진실한 자녀들 사이에 존재하는 분열이 그리스도와 함께 못박힌 바로 그 세상의 요소들인 것을 알아야만 한다. 그리스도의 죽으심이 동일한 하나님을 예배하는 사람들간의 모든 파당의 벽을 허물었음을 알아야 한다.

히브리인들 중에서 가장 배타적인 계층에 속했던 사도 바울은 그리스도의 죽음이 한 하나님을 경배하는 사람들을 분리시키는 벽을 깨뜨리는 것을 분명히 보았다. 한때 경멸했던 나사렛 사람의 추종자들을 짓밟는 데 열심이었던 그는 못박힌 예수님의 요구에 자기 자신을 내맡겼다. 그는 확고한 어조로 자신이 한때 잔해하려 했던 그 믿음을 전했다(갈 1:2-3).

십자가의 도는 그의 삶을 근본적으로 바꾸어 놓았다. 이전에 지니고 있던 사상들은 쓸려 없어졌다. 그의 민족적 편견, 혈통에 대한 자부심, 배타적인 계층들은 사라졌다. 십자가는 새로운 삶으로 향하는 문으로서 바울의 끊임없는 메시지의 주제였다. 그는 골로새인들에게 편지를 쓰면서 그들에게 깊은 감화를 끼친다. 죽임당하신 그리스도와 함께 그들은 죽었고, 그럼으로 인해서 이 땅의 차별이나 구획이 없는 새로운 영역에서 사는 것이라고 그는 설파한다. "헬라인과 유대인이나 할례당과 무할례당이나 야인이나 스구디아인이나 종이나 자유인이 분별이 있을 수 없나니 오직 그리스도는 만유시요 만유 안에 계시니라"(골 3:11).

"우리가 유대인이나 헬라인이나 종이나 자유자나 다 한 성령으로 세례를 받아 한 몸이 되었다"(고전 12:13)라고 고린도인에게 그는 다시 편지를 쓴다. 유대인들은 이방인들을 "비할례인"이라고 불렀고, 그들 사이에 있는 장벽은 모세율법과 레위기서의 희생제사에 있어서 외적인 의식을 형성했다. 이것들은 모든 것을 온전케 하고 인류의 죄에 대한 하나의 완전하고 충분한 제사가 되실 예수 그리스도께서 오시기 전까지만 하나님께서 명하신 것이었다. 바울은 그리스도가 원수된 것 곧 의문에 속한 계명의 율법을 자기 육체로 폐하셨으며(엡 2:15), 그 자신은 평화가 되셨는데, 유대인과 이방인을 위해 이 둘을 한 새 사람으로 만들었다고 말한다. 그들이 예수를 통해 하나님께 가까이 나아간다면, 유대인과 이방인은 그리스도의 몸 안에서 하나님과 화목하게 되는 것이다.

그리고 십자가를 통해서 예수는 그들 가운데 있는 적의를 없앴다. 갈보리의 은혜로운 메시지로 인해 기독 교회가 나타났고, 20세기를 사는 우리는 자유의 엄청난 축복을 누리고 있다. 이것은 갈보리의 십자가를 통해 부활하신 주 예수님과 바울 자신의 신실한 선포에 의해 놀랍게 조명되었다. 이방인들은 복음을 통해서 예수 그리스도의 약속의 "후사", "지체", "약속에 참여하는 자"(엡 3:6)가 된 것이다.

그리스도의 이름으로 기독 교회라고 호칭하면서도, 바울 당시에 하나님을 예배하는 유대인과 이방인 사이에 벽이 있었던 것처럼 오늘날 우리에게도 동일한 장벽이 있어 보인다. "그는 오셔서 평화의 좋은 소식을 전하셨다"(엡 2:17)고 바울은 에베소 교인들에게 쓰고 있다. 그 부활하신 분은 손에 사랑의 자국을 지니셨다. 그분은 모든 인류를 하나의 새로운 사람으로 만들기 위해서 죽으셨고, 그 자신이 평화의 메신저로서 오셨다.

아! 그분은 오늘도 동일한 기쁜 소식을 갖고 우리에게 다시 오셔서 자신의 손과 옆구리를 보여주시면서 말씀하신다. "평화를 네게 주노라"(요 20:19).

그는 교회의 생명 있는 모든 지체들을 십자가를 통해서 연합시키신다.

갈보리 십자가
The Cross of Calvary

10

"하나님의 아들이 나타나신 것은 마귀의 일을 멸하려 하심이니라"(요일 3:8).

십자가와 어둠의 세력

"우리를 거스리고 우리를 대적하는 의문에 쓴 증서를 도말하시고 제하여 버리사 십자가에 못박으시고 정사와 권세를 벗어버려 밝히 드러내시고 십자가로 승리하셨느니라"(골 2:14-15).

갈보리의 십자가에서의 그리스도의 사역에서 또 다른 국면이 여기서 우리에게 다가온다. 죽음으로 주님은 "정사와 권세"를 못 쓰게 만드시고 그것들을 밝히 드러내어 십자가로 승리하셨다고 바울은 골로새 교인들에게 쓰고 있다. 이 정사와 권세를 에베소서 6:12은 "이 어두움의 세상 주관자들"로서 사악한 영들 혹은 천상의 장소나 아주 높은 곳에 있는 "악한 영의 군대들"로 묘사한다.

십자가의 승리는 특별히 이사야에 의해서 언급되었다. 이사야는 예수 그리스도가 능력으로 약탈품을 나눌 것이라고 예언했다.

그리고 이제 사도 바울은 주 예수 그리스도께서 정사와 권세를 폐하시고 그것들을 이길 것이라고 외친다.

다시 한 번 우리는 이 모든 선명한 비전이 갈보리에서 성취되었고, 십자가의 부활이 있는 영혼들에게 주어진다는 것을 주목한다. 자신을 위한 그리스도의 죽음뿐만 아니라 그리스도와 더불어 자신의 죽음을 이해하고 나서야 실제로 바울이 묘사한, 영으로 살고 영으로 좇아 걷는 "천상"의 영역에 들어온 것이라 할 수 있다. 이 부분에서 사도 바울이 말한 어둠의 세력의 실제적인 존재를 깨닫게 된다. 이 어둠의 세력은 아직 육적이고 인간을 좇아 살고 육체를 따라 걷는 사람들에게는 알려져 있지 않다(고전 3:3).

그러므로 하나님의 자녀들이 갈보리의 두 가지 양상의 메시지를 이해하지 못하게 하는 것이 이 어둠의 세상 주관자들의 관심거리이다. 갈보리의 두 가지 양상의 메시지는 악령의 계교에 눈이 열리는 영역에 들어가게 하고, 그들의 씨름이 혈과 육에 대한 것이 아니라 악의 영들에 대한 것임을 깨닫게 해준다(엡 6:12).

대적하는 영들은 모든 면에서 십자가의 메시지에 저항한다. 지옥의 모든 권세들은 어둠과 악한 영들에 대한 갈보리의 승리에 대해 신자들이 알지 못하도록 방해하기 위해 일어난다. 십자가의 세속적인 측면에서 교묘하고도 치밀한 적은 심지어 하나님의 진실한 자녀들에게까지도 자신이 전혀 존재하지 않는다고 설득시킨다. 또는 자신의 능력을 과장하고 하나님의 자녀들을 죄의 습관이라는 속박으로 붙들고 죽음의 무덤에서 구원받지 않았다는 신념으로 그들을 미혹한다.

　하나님을 섬기는 사역에 있어서 많은 크리스천들이 육체의 무기들을 휘두르지만, 진짜 적에게는 소용이 없다. 또 다른 사람들은 영혼들을 하나님께로 이끌기 위해 진지한 계획들로 가득 차 있고, 심혈을 기울여서 노력한다. 그러나 배후에 있는 것들과 주변에 있는 것들은 악한 영이다. 이것들은 실재하지만 보이지 않는 사악한 군대이다.

　그들은 육체의 모든 무기들을 비웃지만 그리스도께서 완성하신 사역의 능력은 두려워한다. 이 일은 성령에 의해서 그리고 못박힌 주님의 진실한 대사가 된 남녀를 통해서 일어난다. 그렇기 때문에 어둠의 왕자는 십자가를 증오하고 그 메시지를 무효로 하려고 수고를 아끼지 않으며, 하나님의 자녀들에게 이 메시지의 완전한 의미를 숨기려고 애쓴다. 또한 그들은 하나님의 자녀들이 그 메시지의 능력을 아는 것을 막는 데에 주저하지 않는다.

　이사야 선지자는 갈보리의 예수가 "자기 영혼을 버려 사망에 이르게 하며 범죄자 중 하나로 헤아림을 입었다"(사 53:12) 라고 말한다. 사탄은 예수께서 이 세상에 오셨을 때 십자가를 지지 못하게 하려고 온갖 수단과 방법을 썼다. 광야에서 어둠의 왕자는 자신에게 절하면 십자가를 질 필요 없이 이 세상의 모든 왕국을 주겠다고 제의했다. 그러나 예수께서는 아버지의 뜻을 성취하시기 위해 단호하게 말씀하신다. "가라사대 오직 하나님께만 경배하라." 그리고는 그 유혹자로부터 수치의 십자가로 향하신다. 그 유혹은 제자

베드로의 입을 통해서도 나중에 다시 나타난다. 베드로는 예수로부터 앞으로 일어나게 될 고난과 죽음을 들었을 때, "그리하지 마시라"고 간구한다. 주님은 "사탄아 내 뒤로 물러가라"고 호통치셨다. "너는 나를 넘어지게 하는 자로다 네가 하나님의 일을 생각지 아니하고 도리어 사람의 일을 생각하는도다"(마 16:23).

사탄은 한 번 더 좌절되어 하나님의 아들을 떠난다. 그러나 이것은 잠시 동안일 뿐이다. 사탄은 거듭하여 공격한다. 사탄은 인간 신체를 소유한 악령을 통해서 예수께 대하여 사납게 군다. 모든 사악한 영은 거룩한 분이신 하나님이 인간을 지배하려는 그들의 정사와 권세를 멸할 것임을 알기 때문이다.

마침내 최종적인 충돌의 시간이 다가왔다. 원수는 그리스도를 십자가로부터 방향을 바꾸는 것에 실패했다. 그리하여 사탄은 십자가에 대해서 더 심한 선동가로 나선다. 고난의 시간이 임박했을 때, 하나님의 아들의 말씀은 자신의 죽음의 목적을 명백히 알고 있었다는 것을 알려준다. 일은 "모든 이에 대한 대속물"이 될 뿐만 아니라 지옥의 권세에 대한 최종적이고도 완전한 승리였다. "이제 이 세상의 임금이 쫓겨나리라 내가 땅에서 들리면 모든 사람을 내게로 이끌겠노라"(요 12:31-32)고 제자들에게 예수님은 말씀하셨다. 주님은 사람들을 죄의 죽음과 악마의 사로잡힘에서 풀어, 자신에게로 이끌기 위한 갈보리의 능력을 미리 예언하셨다.

저녁 만찬에서 주님은 다시 말씀하셨다. "이 세상 임금이 오겠으나 저는 내게 관계할 것이 없느니라." 주님이 성부를 사랑했고 성부가 십자가로 가라고 아들에게 명령했기에 아들은 그렇게 하기를 원했던 것이다. 주님은 자유로운 선택에 의해 하나님의 양들을 훔쳐가는 이리들로부터 그들을 구하기 위해서 자신의 목숨을 내던지신 것이다. 하나님의 아들을 십자가로 가지 못하게 하는 일에 실패한 어둠의 임금은 예수님을 십자가로 이끌기 위해 이제는 주님의 한 제자에게 들어간다.

저녁 만찬 때 마귀는 예수님을 배반하려는 끔찍한 생각을 유다의 마음속에 집어넣는다. "그리스도의 바로 그 손에서 빵 조각을 받은 후 사탄이 유다의 속에 들어갔다." 그리고 주님의 대적자의 명령을 완수하기 위해서 그는 급히 나갔다. 하나님의 뜻을 실행하기 위해 성령께서 순복하는 심령을 찾으시는 것처럼, 악령도 자신의 계획을 실행할 사람들을 찾는다는 것은 엄연한 사실이다.

"이제는 너희 때요 어두움의 권세로다"(눅 22:53)라고 그리스도는 나중에 말씀하셨다. 겟세마네 동산에서 피까지 흘리실 정도로 심한 고뇌의 기도를 하고 나자 어둠에 있는 자들이 예수님을 붙잡았다. 그리고 주님을 재판정의 뜰로 데리고 갔다. 이 순간부터 주님은 어두움의 세상 주관자에게 넘겨졌다. 그리스도께서는 어두움의 세상 주관자들이 그들의 권세를 실행하도록 자신을 허용하셨다. 주님 자신의 뜻을 실천할 사악한 사람들의 손에 의해 생명의 예수 그리스도는 죽임을 당하셨다. 결국 주님의 뜻이 어두움의 사람들을 통해 이루어진 것이다.

승리의 시간

"정사와 권세를 벗어버려 밝히 드러내시고 십자가로 승리하셨느니라"(골 2:15).

이것이 신의 관점에서 묘사된 갈보리의 비극이다. 세상이 보는 앞에서 그 순간에 세상의 권세잡은 자는 주 예수 그리스도를 치욕과 멸시에 이르게 했고, 그 신체가 죽음에 이르게 하는데 성공했다. 하지만 그와 동일한 순간에 하나님과 하늘의 천군 천사들 앞에서 정사와 권세자들은 수치로 드러나게 되었고 그들이 못박은 그리스도에 의해 정복당한 것이다.

바울은 그것을 한 승리자가 승리의 개선 행렬에서 자신의 포로 또는 노획물들을 전시하는 것으로 말을 한다. 말하자면, 정복자는 하늘의 천군들 앞에 승리의 기쁨에 겨워 그 포로들을 인도한 것이다. 이 은유는 고린도후서 2:14에서도 동일하게 사용되었다. 그리스도는 자신의 사랑으로 정복한 사람들을 승리의 개선 행렬로 인도하신다. 이 사람들은 기쁘게 주님의 죽음의 전리품이 된 것이다.

여기 우리 앞에 놓여 있는 갈보리의 승리는 어떠한 모습인가! 지금 이 세상에 존재하는 모습과 얼마나 대조적인가! 십자가의 주변에서 조롱하는 다수의 사람들은 보이지 않는 영역의 승리의 개선 행진에 대해서는 거의 알지 못한다.

그러한 모습에 대해 사도는 "가장 강력한 빛 속에서의 십자가의 못박힘의 역설…죄인의 교수대는 승리자의 개선 마차"(라이트풋)라고 평가한다.

성령의 증거

"보혜사가…판결하시리라 심판에 대하여라 함은 이 세상 임금이 심판을 받았음이니라"(요 16:7-11).

예수의 십자가 수난일 전에 주님은 제자들에게 자신을 증거하고 영광 돌리기 위해, 그들 안에 내주하실 진리의 영이 오실 것을 말씀하셨다. 즉 십자가에 달리기 전에 주님은 "이제 세상 임금이 쫓겨나리라"고 말하셨다. 주님의 죽음과 부활 후에 성령의 증거는 "이 세상 임금은 심판을 받았다"는 것이다.

하나님의 아들은 갈보리의 십자가 위에서 지옥의 권세에 대해 승리를 거두셨고, 성령께서 세상에 대해 승리를 확신시키기 위해, 또한 하나님의 아들의 사역을 증거하기 위해 오신 것이다. 갈보리의 죽음을 통해서 우리의 영혼의 적이 정복당한 사실을 아는 하나님의 자녀들이 얼마나 될까! 악령의 간계에 대응하는 법을 아는 사람은 얼마 되지 않는다. 그리고 진취적인 전략으로 악한 영을 공격하며 십자가의 승리에 참여하는 이는 더욱더 적다.

어린양의 피

"또 여러 형제가 어린양의 피와 자기의 증거하는 말을 인하여 저를 이기었으니 그들은 죽기까지 자기 생명을 아끼지 아니하였도다"(계 12:11).

　요한계시록의 본 장에서는 보이지 않는 세계의 충돌을 보여주기 위해서 베일이 잠시 동안 걷힌다. 이것이 미래의 어떤 특별한 시기를 말하고 있는가를 숙고하는 것은 우리에게 그리 중요하지 않다. 적어도 십자가 위에서 생명의 왕자와 어두움의 왕자 사이에 최종적인 충돌이 있었다는 것과 어두움의 왕자가 못박힌 예수 그리스도를 믿는 사람들에 대한 권세의 자리에서 쫓겨났다는 사실은 분명하다. 그리고 그 어느 날 하늘에서는 최후의 충돌이 있을 것이다. 주님의 천군 천사들이 용과 용의 졸개들을 지상에 집어 던지고, 마침내 구덩이의 불의 못에 집어넣을 것이다.

　그러나 아직 용과 그 졸개들은 건재하다! 비록 갈보리의 십자가에서 그들의 정사와 권세들이 공략을 당했지만, 영광의 승리와 그것들이 완전히 쫓겨나는 것 사이에는 시간상의 간격이 있다. 이는 구속받은 각 영혼이 갈보리의 승리를 인식하고 정복당한 적을 이기고, 동료 승리자들과 함께 승리의 왕관을 쓰게 될 동안의 간격인 것이다.

　하늘의 마지막 전투에서 우리는 승리의 세 가지 비밀과 승리자가 적을 압도하는 방법을 볼 수 있다. "어린양의 피 때문에 그들을 이겼다." 이 말은 갈보리와 그리스도의 고난을 생각하게 한다. 승리자들은 성령으로부터 십자가의 승리에 대해 확실하게 배웠다. 어린양의 피 또는 죽음은 승리자들이 적에게 사용했던 무기였다.

여기에 그리스도에 대한 두려움 없는 고백이 신자들에게 가세되었다. "그들은 죽기까지 그들의 목숨을 사랑하지 않았다." 그들은 악한 영에 대항하여 승리의 십자가의 능력을 사용할 뿐 아니라, 돌아가신 그분의 영에 취하여 주님의 영을 통해 어둠의 왕을 무찔렀다. 십자가는 하나님의 모든 자녀들에게 승리의 길인 것이다. 예수님의 죽음으로 그분과 연합된 신자들은 예수님의 부활한 생명을 함께 나누며, 지옥의 정사와 권세자보다도 훨씬 높은 곳의 하늘의 주님과 함께 앉아 있을 것이다.

십자가에 못박힘

"그리스도께서 이미 육체의 고난을 받으셨으니 너희도 같은 마음으로 갑옷을 삼으라"(벧전 4:1).

적은 정복되어질 것이다. 보혈의 능력이 전투시에 사용되기 위해 준비되었다. 그러나 못박힌 예수님의 내밀한 영을 더 깊이 알려고 하지 않는다면, 우리를 공격하는 악의 세력과의 전투에서 우리는 여전히 무력할 것이다.

"그리스도는 육체의 고난을 당하셨으므로 너희도 같은 마음으로 갑옷을 삼으라"고 사도 베드로는 편지를 쓴다. 주 예수님은 존재하는 악의 세계에서 의도적으로 고난의 길을 선택하셨다. 비록 예수님이 모든 이의 주인이셨지만 사려깊게 종의 형체를 취했으며 인간의 형상을 입으셨다. 그분은 전능자이심에도 불구하고 연약함의 모습을 지니셨고, 하나님과 동등이셨지만 할 수 있는 한 가장 낮고 비천한 지점까지 내려가심으로써 인간의 위치로 겸비케 되셨다. 의도적으로 하나님의 뜻에 대해 순종의 길을 따르셨다. 심지어 이 길이 예수님을 고민과 수치의 십자가로 이끌지라도 한 걸음 한 걸음 더욱 낮아지셨다.

십자가는 그분에게 결코 이론이 아니었다. 그분은 몸으로 그 고통을 고스란히 겪으셨다. 하나님의 자녀여, 동일한 마음으로 갑옷을 입으라. 당신이 아는 십자가에서 죽으신 그분의 영을 선택한다면, 당신은 죄를 끊게 될 것이다(벧전 4:1). 그리고 더 이상 보통 인간의 육적인 욕망을 따라 살지 않고, 하나님의 뜻을 중심으로 한 상반된 관점으로 살게 될 것이다.

다른 이들이 이것을 이상하게 생각하고 당신에 대해 나쁘게 말하는 것은 사실이다. 그러나 그리스도의 이름으로 비난을 받는다면 당신은 행복한 사람이다. 영광의 영 그리고 하나님의 영이 당신 위에 계시기 때문이다. 그들 편에서는 예수님은 욕을 듣지만, 당신 편에서는 영광을 받으시게 된다. 우리가 승리를 거두기 위해서는 못박힌 예수님의 영을 들이켜 마심을 통해서 무장해야 한다. 어린양의 피인 그 무기를 승리를 얻도록 하는 데 사용하라.

하나님의 전신갑주

"마귀의 궤계를 능히 대적하기 위하여 하나님의 전신갑주를 입으라…모든 일을 행한 후에 서기 위함이라"(엡 6:11-13).

여기서 바울은 적에 대해서 강렬하게 설명하고, 갈보리의 부활이란 국면에서 우리에게 드러나게 될 충돌에 대해서 묘사하고 있다. "주 안에서와 그 힘의 능력으로 강건하여지라"(엡6:10)고 바울은 쓴다. 이 전제는 신자가 자신이 지닌 힘을 종결짓는다는 것을 의미한다. 이는 그리스도와 함께 생기를 띠고, 그리스도와 함께 일어나서, 그리스도와 함께 하늘에 앉는 것을 의미한다(엡 2:5-6). 사도가 쓴 대로 새 사람을 입는 것이다.

어둠의 세력이 강하게 유혹하는 이 시기에 우리는 어떻게 행동해야 하는가? 문제는 마음이다. 그리스도와 함께 못박히고 그리스도 예수의 생명으로 순간순간 살며 싸우는 것이다.

또 무엇을 해야 하는가? 주님 안에서 능력 있는 삶을 살아야 하며, 예수의 능력으로 인해 강력해져야 한다. 소신을 굽히지 않아야 한다.

갈보리에서 그들을 쫓아내기 위해 바울은 "주 안에서 마귀의 궤계를 능히 대적하라 우리의 싸움은 혈과 육에 대한 것이 아니요"(엡 6:11-12)라고 쓰고 있다. 싸움! 그렇다. 영적인 원수는 영적인 방법으로 영적인 사람을 공격한다. 신자는 보이지 않는 적으로 인해 오는 갈등을, 말하자면 속사람을 둘러싸고 있는 적과의 접전을 인식하고 진리 안에서 싸워야 한다. 우리들 스스로의 싸움은 승산이 없는 것이다. 그러므로 신자는 견고하게 서서 그리스도 안에서 자신의 자리를 드려야 한다. 그렇지 않으면 우리는 마귀의 궤계에 굴복하게 된다.

혈과 육에 대해서 마귀는 인간으로 가장한 궤계로 자주 다가온다! 주 안에서 강력하게 대비하는 심령이 있으면 불순종의 아들뿐만 아니라 하나님의 종들에게도 역사하는 악령을 볼 수 있는 예리한 영안이 열린다. 악한 영이 베드로를 통해서 하나님의 아들을 유혹하고, 하나님의 명령 없이도 다윗이 행동하도록 했던 것처럼 말이다.

속사람이 성령으로 인해 강해진 신자는 하나님의 진정한 용사가 되고, 어둠의 세상 주관자들의 정사와 권세를 점점 더 인식한다. 욥을 공격했던 것처럼 하나님의 자녀를 공격하기 위해서 공중의 세력을 갖고 있는 공중의 권세 잡은 자들이 있다는 것을 더 잘 알게 된다. 또한 공중의 권세잡은 자들은 자신의 뜻을 완수하기 위해서 사람들 모르게 그들을 도구로 사용하여 움직인다는 것을 알게 된다. "그러므로 대적하기 위하여 하나님의 전신갑주를 입으라"(엡 6:13)고 용사 바울은 외친다. 그리스도는 영적인 이 사악한 무리들을 대항하여 십자가의 승리로 이끄셨다. 그리스도와 연합한 우리들은 준비된 갑옷을 열의를 갖고 끊임없이 착용해야 한다.

아 하나님의 자녀여! 당신이 아무것도 하지 않도록 그리스도께서 생명을 그 대가로 치르고 승리하신 것은 아니다. 당신이 그분의 왕좌에 동참하려면 그분이 이기셨던 것처럼 싸움에서 이겨야 하고, 그 싸움에 있어서 제 역할을 감당해야 한다.

우리가 갈보리의 영광을 배우고 그리스도께로 재빠르게 나아갈 때에, 대다수가 당신을 대적하여 주님으로부터 떼어놓으려고 할 것이다. 우리는 악한 날에 그들을 대항하기 위해서 하나님의 전신갑주를 믿음으로 착용하여야 한다. 이러한 하나님의 전신갑주를 착용한다면 당신은 수많은 궤계를 갖고 당신 주변을 기어오르는 모든 악한 영들을 견뎌내고 물리칠 수 있을 것이다. 곧 어린양의 피를 통해서 흔들리지 않고 영광스럽게 서 있을 것이다.

전신갑주는 예수 그리스도 자신이다. 주 안에서 거하고 그분 속에서 지옥의 모든 권세를 대면할 수 있도록 강력해져야 한다. 진리이신 예수님의 목전에서 우리가 그분과 동거하기 원한다면, 항상 진리의 띠를 띠도록 노력해야 한다. 인생살이에 있어서 진리와 반대되는 일점의 어떤 일도 적 앞에서 우리로 하여금 완전한 패배를 가져오기 때문이다. 당신이 참으로 의로우신 예수님 앞에서 산다면 의의 흉배는 당신의 것이 될 것이고, 인생에서 그분의 의에 반대되는 그 어떠한 것도 용납하지 않을 수 있게 된다. 주 안에서 당신은 평화의 기쁜 소식을 전하는 예비된 대사가 되어야 한다. 당신은 섬김을 위해서 구원되었다. 이 땅에서 발을 내딛고 살 때에 우리는 성령의 지도에 민첩하게 순종해야 한다. 그렇지 않으면 경계를 늦추지 않는 적에게 또다시 기회를 제공하게 된다.

악한 영이 쏘아대는 날카로운 쇠창살로부터 피하기 위해 믿음의 방패를 붙들고 그 뒤로 숨어야 한다. 그리고 구원의 투구를 써야 한다. 뱀의 간계로 하와를 미혹한 것처럼, 당신의 마음이 그리스도를 향하는 진실함과 깨끗함에서 떠나 부패하지 않도록 구원의 투구를 써야 한다(고후 11:3). 무엇보다도 방어와 공격을 위해서는 끊임없이 성령의 검 곧 하나님의 말씀이 필요하다. 말씀은 살아 있고 활동력이 있어 두 날 가진 어떠한 칼보다 더 예리하다.

하나님과의 친밀한 교제 속에서 무시로 성령 안에서 기도하면, 적을 대적하는 준비가 되고 당신을 사랑하는 그분을 통해 그 악한 영들을 더 잘 정복할 수 있을 것이다. 전투는 격렬하다는 것을 알라. 그리고 그리스도의 한 지체가 고난당하는 것은 모든 이가 고난당하는 것임을 알라. 인내함으로 모든 성도들을 위해 간구해야 하고 특별히 주의 전투에서 최전선에 있는 용사, 바울과 같은 그러한 사람들을 위해 기도해야 한다.

성령께서는 주의 날에 있는 전투에서 굳세게 서 있을 수 있는 방법을 가르쳐 주신다. 또한 죽으시고 부활하신 주님의 이름으로 행해진 기사와 이적들을 보면서, 십자가의 전리품을 얻기 위한 호전적인 전쟁에서 빛나는 갑옷을 입고 무장한 군사처럼 당신을 나오게 하실 것이다.

> # 11
>
> *"우리가 주와 함께 죽었으면 또한 함께 살 것이요 참으면 또한 함께 왕 노릇할 것이요"(딤후 2:11-12).*
>
> # 십자가와 그 연속성

"내가 그리스도와 그 부활의 권능과 그 고난에 참예함을 알려 하여 그의 죽으심을 본받아"(빌 3:10).

이번에는 사랑하는 빌립보인들에게 보내는 바울의 편지를 통해서 "그분의 죽음"을 한 번 더 만나게 된다. 이 서신은 갈라디아인들에게 보내는 서신보다 대략 6년 뒤에 쓰여졌다. 갈라디아인에게 서신을 보낼 당시에 바울은 "나는 그리스도와 함께 못박혔다"라고 환희에 차서 외쳤다.

이제 바울은 더 큰 능력으로 그리스도의 부활의 효능을 아는 상태에서, 그리스도의 죽음에 연합하여 따르려 한다. 모든 성경에서 크리스천의 삶에 있어서의 십자가의 계속성을 이보다 더 분명하게 찾아볼 수는 없을 것이다. 바울은 분명하고도 확실하게 성령의 온전함을 알았다. 바울은 그리스도의 직접적인 현현에 의해서 임무를 위임받았고, 십자가의 메시지를 받았다. 그는 십자가를 통한 죄의 속박으로부터의 구원을 전했다.

로마의 성도들에게 보내는 서신에서 그는 주님의 죽음을 함께하는 신자의 정체성과 신자를 죄와 사망의 법에서 자유롭게 만드는 그리스도 안에서 오는 생명의 성령의 강력한 역사를 설명했다. 성령의 능력으로 인쳐졌을 뿐만 아니라 그의 삶에서 인격적으로 경험했던 메시지가 그의 배후에 있음에도 불구하고, "주님의 죽음"을 더 많이 알기를 여전히 추구하는 바울을 우리는 보게 된다.

바울의 말에서는 더 깊은 심층의 경험이 확실하게 드러난다. 또한 영적인 생활이 그리스도의 고난을 더 깊이 따르는 것을 의미한다는 것을 분명히 보여준다. 부활한 삶의 절정을 말하기는 어색하지만 십자가로 돌아가는 것이다(C.A. 폭스)

그러므로 사도는 주님의 죽음을 본받기를 갈망하면서 그리스도 예수 안에서 하나님의 부르심에 대한 상급을 강조한다. 그가 주님과 함께 고난받는 것은 그분과 함께 영광받을 것을 알기 때문이다.

사도의 편지에서, 실제적 삶에서 십자가를 따르는 것이 무엇을 뜻하는지 그의 삶을 통해 들여다보자.

죽음의 선언

"심한 고생을 받아…

"힘에 지나도록…

"살 소망까지 끊어지고…

"사형 선고를…우리로 자기를 의뢰하지 말고 오직 죽은 자를 다시 살리시는 하나님만 의뢰하게 하심이라"(고후 1:8-9).

이 장에서는 우리가 그리스도와 함께한 우리의 죽음을 아무리 완전히 이해하고 그의 부활의 능력을 안다고 하더라도, 우리 자신으로서는 능력이 없고 스스로의 재원도 없다는 실제적 사실을 깨닫게 된다.

"살 소망이 끊어지고"라고 바울은 쓰고 있다. 그러나 이것이 우리의 내적 죽음이며, 오히려 이러한 절망이 홀로 죽음에서 일으킬 수 있는 그분께 우리 자신을 내맡기도록 촉구한다는 것을 잘 안다.

그분은 우리를 큰 곤경에서 구하셨고, 우리는 그분이 여전히 구원하실 것이라는 소망을 갖고 있다. 이것이 "나는 그리스도와 함께 못박혔다"라고 환희에 차서 외치는 우리 영혼에게 일어날 수 있는 고난의 의미인 것이다.

어찌할 바를 모르고 어느 곳에서나 그 상황이 우리의 능력의 한도를 벗어나서 하나님 외에는 어떠한 도움도 절망적일 때, 죽은 자를 일으키시는 하나님의 능력을 확신하는 법을 반드시 배워야 한다.

사도 바울은 하나님을 알게 된 이후에 우리 스스로를 의지하는 것은 생명을 오랫동안 위험에 빠뜨리는 행위라고 말한다. 또한 그는 우리 스스로의 능력이 끝나게 될 때 그리스도의 능력이 더욱더 절실히 필요하게 된다고 친히 서신을 쓰고 있다.

약함으로 못박히는 것

"그리스도께서 약하심으로 십자가에 못박히셨으나 오직 하나님의 능력으로 살으셨으니 우리도 저의 안에서 약하나"(고후 13:4).

이 구절에서는 그분의 죽음을 따르는 것에 대한 또 다른 모습을 보게 된다. 인간의 손에 약하고 힘 없는 희생물로서, 어린양으로서 도축자에게 그 자신을 내맡기셨을 때, 그리스도의 인간적인 연약함은 바로 바울 자신의 연약한 모습이었다. 바울은 연약한 모습으로 못박힌 하나님의 아들을 보면서 "나도 또한 그분과 더불어 약하다"고 외친다.

그러나 그는 다시 하나님 아버지의 영광으로 들어 올려진 그리스도를 생각한다. 하나님의 능력 속에서 그리스도께서 사셨던 것을 기억하면서, 자기의 약함 속에서 자신도 또한 하나님의 동일하고 강력한 능력으로 말미암아 그리스도의 생명을 함께 나누는 것을 기뻐한다. 그리고 그는 "너희를 향한 하나님의 능력으로 인해 그분과 함께 살고 있다"고 덧붙인다.

"나는 연약하다"고 외치면서 그 역시 주님의 죽음을 본받았다고 바울은 말한다. "주님의 생명이 내 속에 역사하시고 나를 통해서 너희 고린도인들에게 역사하도록 헌신했다. 너희들을 대함에 있어서 나의 연약함으로 하지 않고, 나에게 말씀하시는 그리스도의 신적인 능력으로 한 것임을 나는 증명할 것이다. 나는 연약하나 나를 통해 역사하시는 그분은 약하지 않으시다. 그분은 너희 속에서 강력하시다."

"약함으로 십자가에 못박히는 것"은 그분의 죽음을 따르는 한 모습이다. 그러나 얼마나 많은 사람들이 자신들 안에 능력을 느껴야 하고, 자신들이 마치 능력의 저장고나 하늘의 능력이 넘치는 건전지가 되어야 한다고 생각하는지!

하늘의 신비에 대한 인간적인 생각 때문에, 신적인 진정한 능력과 갈보리 도상에서 묵묵히 고난당하신 인자에게 나타난 그 진리가 왜곡된다. 하나님의 약함은 인간보다 강하시다. 그러나 이것은 능력에 대한 인간의 생각과는 정반대이다. 우리는 성령에 의해 눈을 열어 그 형태를 깨닫고, 같은 성령의 분배를 인식할 필요가 있다. 성령은 그리스도를 닮으려는 우리의 소원을 창조시키고, 능력으로 우리 안에 소원을 성취시키신다.

십자가의 부활에 있어서 그분의 죽음을 본받는다는 것은 우리에게 있는 심각한 연약함을 의미하는 것이지, 힘이 증가하는 어떤 감각을 말하는 것이 아니지 않는가! 못박힌다는 것은 참으로 연약함을 의미한다. 그것은 우리가 이것도 하고 저것도 할 수 있다고 느끼는, 본능적인 욕망과는 상반되는 것이다.

그렇다. 우리가 연약함을 인식해야 한다. 하지만 하나님의 능력을 근거로 한 믿음으로 걸어야 한다. 그 믿음은 하나님의 능력을 행사하는 믿음이며, 내 속에서 말씀하시는 그리스도를 의지하는 믿음인 것이다. 우리 자신을 위해서가 아니라 다른 사람들을 위하여 주님과 함께 믿음으로 사는 것이 진짜 믿음의 삶인 것이다.

신자에게 있는 "약함, 두려움 그리고 심한 떨림"은 다른 이의 심령과 삶에서 성령의 능력으로 나타나게 한다. 이것은 주님과 함께 못박힌 사람들을 통해 그리스도의 생명을 더욱더 확고하게 하시는 하나님의 방법인 것이다.

예수의 죽음

"우리가 항상 예수 죽인 것을 몸에 짊어짐은 예수의 생명도 우리 몸에 나타나게 하려 함이라"(고후 4:10).

갈보리에 대한 바울의 깊은 통찰을 한 번 더 일별해 보자. 예수의 죽음과 부활하신 생명이 어떻게 바울의 모든 사상에 서로 얽혀져 있으며, 영적인 삶에 있어서의 모든 진보의 근간이 되는가를 살펴보자. 7장의 로마인들에게 보내는 서신과 연관해서 이 부분을 살피는 것이 좋겠다. 이는 다른 것의 결과이기 때문이다. 고린도후서 4:10은 갈보리에서의 그리스도 사역이라는 객관적 관점에서 주관적인 열매를 묘사한다. 그리스도의 죽음을 같이한 신자들에게 이런 주관적인 일이 없다면, 지상에 있는 우리를 통해서 그리스도의 생명의 능력이 분명하게 나타날 수 없다.

많은 사람들이 죽음으로 그리스도와 함께하는 정체성의 진리를 알고 있고, 그들 자신이 주님과 함께 못박힌 것을 알고 있다. 그리고 새로운 비전과 믿음의 기쁨 가운데 그들은 부활하신 주님을 의지하면서 사역을 시작해 나간다. 얼마 동안 그들의 삶 속에 하나님의 인침이 있다. 그러나 점차적으로 그들의 삶 속에 능력이 넘치던 것이 그치고, 짤랑거리며 소리나는 심벌즈처럼 그들의 증거는 자신도 알지 못하는 사이에 희미해지고 만다.

무엇이 문제인가? 그들은 십자가의 구원의 과거 경험에 살았고 또한 갈보리의 객관적인 비전과 주님의 죽음과의 그들의 동일성 이후에도 그 죽음이 성장하는 생명의 근간이 됨을 알지 못했다. 내 몸에 항상 예수의 죽음을 짊어진다는 것은 주님의 생명을 계속적으로 나타내는 것을 의미한다.

하나님의 자녀가 삶 속에서 예수의 죽음을 짊어진다는 것은 무엇을 의미하는가? 이 장의 본문은 이를 잘 설명해 준다. 십자가에 달린 주님은 모든 면에서 우겨쌈을 당하셨다. 주님은 참으로 견디기 어려우셨다. 그는 성부께서 얼굴을 돌리심으로 인해 혼란스러웠다. 그리하여 "왜 나를 버리시나이까"라고 외치셨다.

그러나 주님은 아직 절망 가운데 있지는 않으셨다. 주님은 모든 종류의 어두움의 세력에 의해 수난을 당하시나 하나님께로부터 버림을 받은 것이 아니였다. 하나님은 그리스도가 끝까지 견딜 수 있도록 힘을 주셨다. 주님은 파괴된 것이 아니고 죽음에 일시적으로 거꾸러짐을 당했을 뿐이다. 주님은 하나님의 능력으로 살아나셨다.

심지어 바울도 우겨쌈을 당하고 답답하고 핍박받고 거꾸러짐을 당했다. 그러나 십자가의 원리가 그리스도를 통해서 바울에게 나타났다. 죽을 수밖에 없는 인간인 자신의 육체에 예수의 생명이 나타날 수 있도록, 바울은 겪는 모든 고난들이 곧 예수의 죽음을 몸에 짊어지는 것임을 안다. 자신에게 있는 능력의 근원이 전적으로 하나님으로 말미암은 것이 되도록 그는 자신의 능력을 의지하지 않았다.

지혜의 하나님은 그의 자녀들을 신실하게 주님만 의지하고, 그의 쓰심에 합당한 빈그릇이 되도록 준비시키신다. 하나님으로부터만 연유하는 힘을 쓰도록 그들의 모든 힘을 다루신다. 주님은 자신의 생명을 전할 수 있는 환경으로 어떻게 그들을 몰고 가야 할지를 알고 계신다. 모든 측면에서의 압박은 하나님의 무한한 능력을 표출한다. 그들은 답답한 미로를 걷고 있지만, 하나님의 신묘불측한 손길이 자신을 얼마나 진실되게 인도하셨는가를 나중에 알게 된다. 폭풍이 이는 바다에서 앞뒤로 출렁이지만 그들은 하나님께로부터 버림을 받지 않는다. 그들은 거꾸러뜨림을 당하고 모든 것들이 명백하게 자신을 대항하고 있는 모습을 보게 되지만, 하나님의 인내케 하시는 능력 속에서 그를 통해서 주님의 영광이 나타나고 있다는 사실을 발견하게 된다.

항상 죽음에 넘기움

"우리 산 자가 항상 예수를 위하여 죽음에 넘기움은 예수의 생명이 또한 우리 죽을 육체에 나타나게 하려 함이니라"(고후 4:11).

이 구절은 처음에 얼핏 보기에는 이전 것의 단순한 되풀이인 것으로 보인다. 그러나 성령이 가르치시는 모든 문장의 변화에는 그 나름대로의 의미가 있다. 이 말씀 속에는 예수를 위하여 그리고 타인을 위하여 죽는 것에 관한 요지가 있는 것처럼 보인다. 7절 이하의 구절들을 살펴볼 때, 예수의 죽음을 짊어지는 것은 우리 자신을 위해서라고 먼저 말하고 있다. 우리 스스로는 아무런 능력이 없고 위대한 능력은 우리에게서가 아니라 하나님에게서 나온다.

이제 신자는 자신의 능력으로 살아가는 삶은 끝난 것이다. 이제는 인간 육체로 나타나신 예수의 생명으로 사는 것이며 나아가서 예수를 위해서 죽는 것이다. 자신의 영혼의 산고를 보고 만족하시며 돌아가신 주님을 위해서 우리는 약함으로 내어줌이 되고, 고난으로 내어줌이 되고, 혼돈으로 내어줌이 되고, 투쟁으로 내어줌이 되어야 한다.

우리 하나님의 자녀들은 이처럼 주님과 기꺼이 교제하려고 노력하고 있는가? 오히려 우리는 영적인 생활에 있어서 "영광 위의 영광"만을 생각하고 계속되는 시련을 견디지 못하지는 아니한가?

우리는 열매를 위한 희생의 법을 별로 이해하지 못하고 있다.

살아 계신 주님은 우리를 주님 안에서 생명의 참된 빛으로 인도하시고, 하나님의 일에 대한 어두운 생각들이 사라지도록 우리를 인도하신다.

주님의 빛 속에서 "영광 위의 영광"에서 진리 안으로 인도받는다. 이로 인해 죽으신 주님과 더 깊은 교제가 이루어지고, 교회를 위해서 그리스도께서 겪으신 고난의 나머지를 채우는 것이 가능하게 된다.

죽음은 다른 이들의 생명을 위해 역사한다

"그런즉 사망은 우리 안에서 역사하고 생명은 너희 안에서 하느니라"(고후 4:12).

이것이 예수를 위해서 자신을 죽음에 내어준 사람들의 열매이다. 죽음은 다른 이들의 생명의 열매를 위해 우리 가운데 역사한다. 우리는 사용되기를 원하고 영혼얻기를 갈망한다.

그러나 우리의 갈망이 충분히 강한가? 다른 이를 위해 생명을 포기할 정도로 강하고, 스스로를 위해서는 비어 있고 연약해야 한다. 이것이 진정한 자기희생이다. 진정한 이타심, 진정한 겸손인 것이다. 이것이 죽어야 할 육신으로 예수의 생명을 나타내는 표시이다. 이것이 주님을 갈보리로 강권했던 바로 그 사랑인 것이다. 갈보리에서 주님은 말할 수 없는 공포와 수치를 당하시며 죽으셨다. 우리는 주님을 통해서 하나님께로부터 오는 생명을 가졌다.

영혼을 진정으로 얻을 수 있는 한 가지 방법이 있는데 그것은 희생이다. 그리스도는 갈보리에서 생명을 대가로 하여 지불했다. 주님의 생명이 다른 이들에게 전달되게 하려면, 그분과 연합함으로 우리도 생명을 대가로 지불해야 한다. 심령 깊숙한 곳에서부터 십자가의 내적인 능력을 안다면, 다른 사람들의 마음을 심도 있게 다룰 수 있게 될 것이다. 아울러 그들 안에 생명의 능력이 역사하게 될 것이다. 그리스도의 죽음이 우리에게 역사하는 한 그리스도께서 위하여 죽은 영혼들에게 생명은 빠르게 역사할 것이다. 이것이 구원받은 각 사람이 알게 되는 사도적 삶이요 열매의 삶인 것이다. 이것이 바울이 말했던 "아버지와 같은 마음"이다. 그는 "그리스도 예수 안에서 복음을 통해 너희를 낳았다"고 말했다. 일만 스승은 있지만 아버지는 많지 않다. 우리를 위해 갈보리의 십자가에서 고통을 겪으신 주님과 교제하면서도 죽음을 본받는다는 것이 다른 사람들을 위한 산고가 부과되는 것임을 아는 이는 그리 많지 않다.

"죽음은 우리에게 역사한다"고 바울은 쓴다. 로마서 8장은 그리스도 안에서 생명의 성령으로 말미암아 영광스럽고 충만한 복음의 자유, 성부께로 향하는 기쁨의 발현, 내주하는 성령의 증거, 그리스도와 연합함 속에서 얻는 상속 등을 죽음에의 일치에 따르는 인상깊은 표현과 함께 결론을 짓는다.

"우리가 종일 주를 위하여 죽임을 당케 되며 도살할 양같이 여김을 받았나이다"라고 바울은 외친다. 그러나 "우리를 사랑하는 주님 안에서 넉넉히 이긴다"는 그의 고백은 사도의 승리의 간증이다. 그렇다. 그리스도는 도살자 앞에 끌려가는 어린양이 되었고, 우리는 그의 십자가를 선택했으며, 우리 자신을 그와 함께 도살당한 자로 여겼다. 마찬가지로 우리가 다른 이들에 대해서도 그렇게 여기고 자신을 도살자를 위한 양으로 간주하는 것처럼, 다른 사람들도 그와 같은 관점을 취해야 하는 것은 아주 중요한 일이 아니겠는가?

오 하나님의 자녀여, 우리는 십자가와 십자가를 위한 싸움을 선포해야 할 것이다. 그 죽음이 우리 가운데 역사하고 생명이 다른 사람들 속에 역사하도록, 우리를 위해 죽으시고 다시 사신 주님의 영광을 위하여 "죽을" 각오를 하지 않는다면, 우리는 바로 그 메시지를 공허하게 만드는 것이다.

"그래서 죽음은 우리 가운데 역사하고 생명은 너희 속에서 역사한다"고 사도는 쓰고 있다. 우리 안에는 비어 있음, 약함, 고난, 압박, 당혹스러움 그리고 무엇보다도 생명이 있다. 성부께서는 이것을 선하게 여기시고 우리는 주님의 말씀에 따라 이같이 행해야 한다.

> # 12
> "이기는 그에게는 내가 내 보좌에 함께 앉게 하여주기를
> 내가 이기고 아버지 보좌에 함께 앉은 것과
> 같이 하리라"(계 3:21).
>
> # 십자가로의 부르심

"자기 십자가를 지고 나를 좇지 않는 자도 내게 합당치 아니하니라"(마 10:38).

"**십**자가를 지고 나를 좇으라"고 십자가로 가는 길목에서 구주는 외치셨다. 그러나 죽음을 지나 무덤 너머의 생명으로 나아가시고, 높이 하나님 보좌 우편에 오르시기까지는 십자가가 무엇을 의미하는지 설명하지 않으셨다. 하늘에서 주님이 선택하신 그릇인 사도 바울을 통해서 주님은 십자가를 말씀하시고 또한 주님을 따르기 원하는 모든 이에게 십자가를 요구하신다.

바울이 너희의 십자가를 지지 말고 그리스도의 십자가를 지라고 선포한 것은 매우 의미 있는 말이다. 그 십자가는 이미 승리를 거둔 십자가이고 신자를 주님의 승리에 초대하는 십자가인 것이

다. 십자가 도상의 어린양이 주시는 십자가에 대한 부름을 바울은 대언한다. 그리스도의 말씀이 바울의 메시지를 통해 전달되는 것이다. 십자가가 이미 승리를 거두었고, 지옥의 권세에 대해서 구원과 승리의 사역은 성취되었다.

그러나 신자들은 경험적인 면에 있어서 십자가를 개인적으로 받아들이고, 지상에서 십자가의 길을 갔던 어린양을 따르는 것을 신중하게 선택해야 한다. 십자가를 견뎌냈던 주님의 입에서 나온 십자가로의 부름은 구원받은 사람들 각자에게 해당되는 것이며, 어린양을 따르는 모든 이들에게 현 세상의 유일한 길을 예시하는 것이다.

복음서에 다섯 번 정도 십자가에 대한 주님의 부름이 기록되어 있다. 그 주님의 부름을 순종하는 데에 있어서, 신자의 삶에 있어서 십자가의 각기 다른 양상을 보여준다.

주님의 말씀에 나오는 첫번째 것부터 살펴보자.

십자가의 길은 필수적이다

"누구든지 자기 십자가를 지고 나를 좇지 않는 자도 능히 나의 제자가 되지 못하리라"(눅 14:27).

십자가의 길은 그리스도께 필수적이었다. 니고데모에게 주님은 "모세가 뱀을 든 것같이 인자도 들려야 하리니"라고 말씀하셨다.

그리고 제자들에게도 자신이 예루살렘에 가서 고난을 받고 죽임을 당해야만 한다고 말씀하셨다. "해야 한다"(must)는 말은 명령이다. 주님은 또 다른 때에도 "그렇게 해야만 한다"고 말씀하셨다. "양들을 위해 내 목숨을 희생해야 하고 그들을 아버지께로 인도해야만 한다."

어린양과 어린양을 따르는 사람들의 길은 같다. "해야만 한다"는 명령은 주님에 대해서 뿐만이 아니라 우리들에게도 해당된다. 십자가를 지는 것을 거절하는 사람은 주님의 제자가 될 수 없다고 하지 않았는가? 그리스도는 우리를 구원하기 위해서 죄인인 우리 대신 십자가에 달리셨기 때문에, 그리스도를 배우려는 사람은 그분의 십자가를 반드시 져야 하며 그렇지 않으면 주님께 배울 수 없는 것이다. 제자들은 주 예수께서 자신 앞에 있는 길을 제시하기 시작했을 때에도 주님을 따르는 것이 무엇을 의미하는지 알지 못했다.

그들은 그분의 첫 부름을 듣고 주님을 따르기 위해 모든 것을 버렸다. 베드로가 어느 날 말했던 것처럼 그분이 그리스도라고 믿었다. 그들은 마음 깊이 주님이 영생의 말씀을 하신다는 것을 알았고, 그분의 권세 있는 행적을 목격했으며, 그분의 은총에 경탄을 금치 못했다. 그러나 십자가라니! 고난과 죽음이라니! 제자들은 이런 것들을 생각조차도 못했다. 비록 한동안 주님이 행하신 일들에 경탄했었지만 말이다. 주님께서는 제자들에게 "이 말을 너희 귀에 담아두라 인자가 장차 사람들의 손에 넘기우리라"(눅 9:43-45)고 말씀하셨지만 그들은 이 말씀을 이해하지 못했다.

이런 일은 오늘날도 하나님의 많은 자녀들에게 일어난다. 제자들과 다른 것이 있다면 그리스도께서 십자가를 견뎌내셨다는 것과 그분의 죽음을 통해서 생명이 자신들에게 왔다는 것을 이미 알고 있다는 것이다. 하지만 주님이 십자가를 지셨기 때문에 자신들도 십자가를 져야 한다는 생각을 하지 못한다. 못박히신 주님이 또한 못박힌 제자들을 데리고 계셨다는 것을 깨닫지 못한다. 도살자에게 끌려가는 오직 한 길을 어린양이 걸으셨기 때문에 어린양을 진정으로 따르는 것은 죽음을 통해서만이 가능한 것이다. 하늘에서의 보좌는 오직 죽임당한 어린양에게만 주어진다.

십자가의 의미

"아무든지 나를 따라 오려거든 자기를 부인하고 자기 십자가를 지고 나를 좇을 것이니라"(마 16:24).

자기 자신을 부인하라! 자기에게 있는 즐거운 일을 부정하라는 말이 아니다. 자신의 죄가 있음을 부정하라는 말도 아니다. 자기 자신을 그리고 자신을 둘러싸고 있는 모든 것들을 부인하라는 말이다. 중심적인 근원으로서, 행동의 원인으로서의 자기 자신을 부정하라는 말이다. 외부에서 자신에게 다가오는 모든 것들의 중심적인 대상으로서의 그 자신을 부정하라는 말이다.

그 자신! 또 다른 언어로는 십자가상의 주님의 의미를 축소하게 되는 것인지도 모른다. 왜냐하면 이것은 갈보리의 구원의 전체성을 망라하라는 것으로서, 나중에 부활한 주님에 의해 사도 바울에게서 드러났기 때문이다.

인간에 대한 갈보리의 중대한 메시지는 "그 자신"으로부터의 구원이다. 십자가를 지려는 사람은 그 자신을 위해 죽으신 그리스도를 드러내 주는 십자가의 정신을 받아들이고, 주님과 함께 십자가에 못박힌 것으로 자신을 부인해야 한다. 그리한다면 그는 악의 능력에서뿐만 아니라 죄의 속박, 율법의 공포, 세상의 영으로부터도 구원받을 것이다.

복스러운 갈보리의 복음이여! 모든 괴로움, 모반, 이기심, 자만심과 죄의 중심인 "그 자신"에 대하여 이 얼마나 순수하고 심오하고 효과적이며 현명한가! 십자가에 못박혀 있는 자신의 모습을 쳐다보자. 날마다 자신을 부인하고 고요히, 조용히 십자가의 길을 가라. 그러면 갈보리의 어린양을 따를 뿐만 아니라 하늘 중앙의 어린양의 보좌도 함께 나누게 될 것이다.

십자가의 깊이

"…자기를 부인하고 자기 십자가를 지고 나를 좇을 것이니라 누구든지 제 목숨을 구원코자 하면 잃을 것이요"(마 16:24-25).

주님은 십자가에 대한 부름을 세 번 말씀하셨는데, 육적인 사람들과 사람을 좇아 살아가는 이들은 이해하기 어려운 내용이었다. "제 목숨을 구원코자 하면 잃을 것이요 누구든지 나를 위하여 제 목숨을 잃으면 구원하리라"(눅 9:24). 십자가에 대해서가 아니라, 주님은 이번에는 썩기 위하여 땅에 떨어지는 밀알에 대해서 이해하기 어려운 신비스런 어조로 말씀하신다.

"자기 생명을 사랑하는 자는 잃어버릴 것이요 이 세상에서 자기 생명을 미워하는 자는 영생하도록 보존하리라"(요 12:25).

우리는 죄를 끊고 자기 자신을 지키는 것에 만족해 왔다. 성령의 길에 서 있는 것처럼, 죄의 도상에서 여전히 서 있는 "그 자신"을 보는 데에 실패했다. 더욱이 첫번째 아담으로부터 우리에게로 흐르는 생명을 보지 못했다. 이 아담으로부터의 생명은 우리의 죽어야 할 운명의 육체 속에 예수의 생명이 확고해지는 것을 방해한다.

인간이 얻기 위해서 애써야 하고 그렇게 함으로 잃어야 하는 것은 무엇인가? 어떠한 생명이기에 미워하는 대신에 사랑해야 하고 그것으로 인해 영원한 손실을 겪어야 하는가?

우리가 언급한 구절에서 RV 판의 난해주는 생명에 대해 "심령, 영혼"이란 낱말을 사용한다. 그리고 바울이 고린도인들에게 보내는 서신에서는 이 부분을 이렇게 조명한다. "첫 사람 아담은 산 영이 되었다. 마지막 아담은 생명을 주는 영이 되었다"고 쓴다. "첫 사람은 땅에서 났으니 흙에 속한 자이거니와 둘째 사람은 하늘에서 나셨느니라"(고전 15:45, 47).

절교하고 미워해야 할 생명은 첫 사람 아담으로부터 받은 생명이다. 우리는 이것을 하늘로부터의 생명과 구별하기 위해서 육적인 생명이라고 부른다. 하늘로부터의 생명은 우리로 하여금 주님과 연합하게 한다.

다른 곳에서 주님은 이 육적인 생명을 인간의 "본연의 생명"이라고 설명하셨는데, 이것은 인간 자신의 한 부분이기 때문에 인간은 이 생명을 사랑한다. 이 육적인 생명은 감각이나 인식의 영역에 영향을 미치고, 이 땅의 것들과 긴밀한 관계에 있으므로 우리 또한 이것을 사랑한다. 초기 신앙 생활에서는 하나님으로부터 온 진정한 생명과 감정에 근거한 생명이 함께 뒤섞이게 된다. 명확한 불순종이나 알려진 죄에 무릎을 꿇지 않을 때에도 기분의 변화무쌍한 동요 그리고 상승과 하강을 계속 경험하게 된다.

그러나 성령 안에 살고, 성령과 함께 동행하고, 생명을 주시는 성령만을 의지할 때에 성령은 우리를 감각적인 즐거운 감정과 이 땅의 변동적인 기쁨을 훨씬 뛰어넘는, 변함없는 평화의 영역으로 인도하실 것이다.

하나님의 말씀인 성령의 검을 사용하도록 하는 것이 성령의 사역이다. 성령은 우리에게 있는 진리의 영을 육적인 모든 것에서 분리시켜준다. 말씀이 우리 가운데 풍성하게 내주할 때 이러한 분리가 일어나는 것이다. 그리고 육적인 생명이 나타나는 것을 미워하며, 십자가에 이런 육적인 생명을 굴복시킬 때 그것을 버리게 되는 것이다.

우리가 어린양을 따르고 우리 안에 그의 생명이 뚜렷이 나타나는 것을 원하며, 인간들 속에서 주님의 걸음으로 진실하게 걷기를 원한다면, 주님의 십자가의 깊이를 알아야 한다. 우리가 주님의 죽음의 이익을 함께 나누기를 원한다면, 그것을 얻기 위해 자신의 소유를 모두 부정하고 끊고 미워해야 한다.

얼마나 광범위하게 그리고 얼마만큼 깊게 부인하는지는 주님의 부활의 능력을 우리가 얼마나 넓고 깊게 아느냐에 달려 있다. 주님과 함께 죄에 대해서 죽는 것이 죄를 부인하는 것이다.

우리는 세상을 부인하고 세상에 대해서 그리스도와 함께 죽어야 한다. 나 자신을 부인함으로 말미암아 나를 다스리시는 그리스도 그분께 나아가는 것이다. 우리는 같은 방식으로 지상의 모든 생명력을 분출케 만드는 육적인 생명을 부인해야 한다. 예수의 생명을 덧입기 위해 예수의 죽음을 항상 짊어져야 한다. 그렇게 한다면 예수의 생명이 우리 죽어야 할 육신에 더욱 뚜렷이 나타나고, 우리를 통해서 주변 사람들이 생기를 띠게 될 것이다.

십자가 그리고 지상의 연대

"아비나 어미를…아들이나 딸을 나보다 더 사랑하는 자도 내게 합당치 아니하고 또 자기 십자가를 지고 나를 좇지 않는 자도 내게 합당치 아니하니라 자기 목숨을 얻는 자는 잃을 것이요"(마 10:37-39).

십자가와 연관된 여러 상황 중에 하나를 살펴보고 육신의 생명을 부인한다는 것이 무엇을 뜻하는지 알아보자. 육적인 생명은 이 세상의 속박에 깊이 묶여 있다. 법적인 속박 관계가 너무나 집요해서 십자가에서의 죽음과 심령들을 주님 안에 있는 올바른 자리로 인도하는 성령의 심오한 사역이 필요하다.

　하나님께서 하시는 예리한 검의 사역은 이 세상과의 관계에서 육신과 영혼으로 나누는 것이다. 어린양을 따르는 데 있어서 못박힌 어린양과 사람의 유대 관계 사이에 언젠가는 충돌이 일어나게 된다.

　인간의 적은 바로 자신의 가족이다. 왜냐하면 사랑하는 사람들의 손이 우리를 십자가에 못질하는 손들이기 때문이다. 그래서 주님은 "나보다 다른 사람들을 더 사랑하면 합당하지 않다"고 말씀하신다. 많은 눈물을 흘리며 순종하는 마음으로 생명으로 연결된 주님을 따르고, 모든 것을 주님 발 앞에 내려놓을 때 하늘의 기쁨으로 모든 것이 변형되는 것을 발견하게 된다.

　예수님의 친척이 "주님은 지금 제정신이 아니다"라고 말하고, 하늘 아버지의 뜻을 이루시기 위해서는 주님이 그 사역을 하셔야 하는 필요성을 그들이 느끼지 못했을 때, 주님은 얼마나 괴로우셨을까? 주님은 동료들의 소망과는 상반되었지만 하늘의 뜻을 순종할 수밖에 없었다.

　어린양을 따르는 모든 사람들도 그러해야 한다. 모든 발걸음에서 확실하게 오직 하나님께 순종함으로 모범이 되어야 한다. 주님의 형제들이 그분을 믿고, 그분이 말씀하신 대로 실현될 날이 다가왔기 때문이다. "무릇 잃는 자는…얻으리라."

십자가와 그리스도의 고백

"십자가를 지라…누구든지 나와 복음을 위하여 제 목숨을 잃으면 구원하리라" (막 8:34-35).

이 본문 구절은 육적인 생명은 인기를 사랑하고 인간에 대한 두려움에 집중되어 있음을 시사한다. 육적인 생명은 하늘 아버지로부터 나온 진리와 주님을 반대하는 죄많은 이 세대에서, 신자들이 그리스도와 그의 말씀을 부끄러워하게 만든다.

"누구든지 나와 내 말을 부끄러워 하면…인자도 아버지의 영광으로 올 때에 그 사람을 부끄러워 하리라"(막 8:38)고 마가복음에서 십자가에로의 부름과 연관해서 말씀하셨다. 주님은 복음을 위해 생명을 잃는 것에 대해 말씀하셨는데, 그것은 십자가의 그리스도를 받아들이고 나 자신과 육적인 생명을 부인하고 세상에서 자신을 단절시켜야 함을 의미한다. 또한 주님의 치욕을 견디고 무리들의 바깥에 있는 것을 부끄러워하지 않아야 한다.

주님은 십자가와 십자가의 메시지에 대한 공격을 미리 아셨다. 왜냐하면 복음은 바울에게 "십자가의 도"로 나타났기 때문이다. 인자에게는 십자가가 없다고 전하는데, 왜냐하면 산상수훈에서의 주님의 설교가 세상의 어느 선생보다도 낫다고 일반 자연인들에게도 인정되었기 때문이다.

인간의 대사기꾼은 할 수만 있다면, 즉 사람들이 능력을 주는 것으로서의 십자가와 그리스도를 떠날 수만 있다면 산상수훈에서의 설교처럼 살라고 격려하기조차 한다. 또한 사탄은 사람들이 십자가에서의 고난과 죽음을 버리고서 그의 복음을 받아들이도록 미혹할 수만 있다면, 외적으로 능력을 주어 겉으로 보기에 왕국의 법에 순종하는 것처럼 보이게 할 것이다.

그러나 우리는 십자가의 피를 통해서만이 평화를 얻을 수 있다. 이 십자가는 세상으로부터의 구별을 말하며, 갈보리의 인자에게 절대적으로 무릎을 꿇는 그리스도와 주님의 십자가의 복음을 선포한다. 그리고 육적인 생명을 버리고 단절하는 것을 뜻한다. 우리는 이런 복음을 선포하기 위해 그리스도와 복음을 위해서 인간의 영광을 사랑하는 육적인 생명을 버려야 한다.

날마다 십자가를 지는 것

"자기를 부인하고 날마다 제 십자가를 지고…제 목숨을 구원코자 하면 잃을 것이요"(눅 9:23-24).

사도 바울이 "예수의 죽으심을 항상 몸에 짊어진다"고 말했던 것처럼, 주님도 "날마다"라고 말씀하셨다! 우리는 십자가를 현재의 "우리"와 과거의 "우리" 사이에 놓여 있는 심연으로 간주하는데, 바울 서신에서 새 생명으로 진입하게 하기 위한 그리스도의 죽음과의 연합을 보았다. 그리고 실제적으로 부활의 능력을 더욱더 명백히 하기 위해 그리스도의 죽음에 계속적인 본받음이 있어야 함을 바울 서신에서 보았다. 바울에게 드러난 복음을 보면, 주 그리스도께서는 그를 따르는 자들이 날마다 십자가를 지고 갈 것을 명령하신다.

우리가 날마다 그리스도와 함께 십자가에 못박힌다는 것을 명심하고, 못박힌 예수의 마음으로 무장해야 한다. 그리고 죽기까지 순종해야 한다. 날마다 육적인 생명을 잃는 것을 고려해야 하며 날마다 육적인 생명을 주님의 생명과 바꾸려고 노력해야 한다. 결코 우리 자신을 위한 십자가를 만들어서는 안 된다. 우리는 주님의 죽음을 기꺼이 온전하게 따르고 "십자가의 길"에 굴복해야 한다.

날마다! 날마다! 날마다! 주님은 곤핍한 이 세상에서 당신의 못박힌 대사가 되기를 원하는 하나님의 자녀들을 십자가로 부르신다.

십자가의 요구

"무릇 내게 오는 자가 자기 부모와 처자와 형제와 자매와 및 자기 목숨까지 미워하지 아니하면 능히 나의 제자가 되지 못하고 누구든지 자기 십자가를 지지 않는 자도…나의 제자가 되지 못하리라…너희 중에 누구든지 자기의 모든 소유를 버리지 아니하면 능히 내 제자가 되지 못하리라"(눅 14:26-27, 33).

무조건적인 양도가 이 장 전체의 중심적인 낱말인데, 이것은 창조자이며 구속자이신 하나님의 절대적인 요구이기도 하다. 하나님 덕분에 우리는 존재한다.

모든 말씀은 중요하고 절대적이다. 아버지, 어머니, 아내, 자녀들, 형제와 자매는 각각 그리고 함께 구원자에게 무릎을 꿇어야 한다. 이제부터는 주님 안에서 그리고 주님만을 위해 드려져야 한다. 주님은 구원받은 사람의 생명을 요구하신다. 신자는 그 생명이 주님께 귀속되기 때문에 자기가 그 자신의 소유가 아니라는 것을 알아야 한다.

우리는 그리스도의 십자가를 떠나서도 안 되고, 십자가로부터 도망칠 수 있다고 생각해서도 안 된다. 오로지 자신이 지닌 십자가를 감당해야 한다. 모든 길에서 십자가 도상의 주님을 따라야 한다. 십자가를 짊어진다는 것은 본인에게 아무런 어떤 능력과 자원이 없다는 것을 깨닫게 하고, 우리를 대적하는 끔찍한 적을 만났을 때에 우리로서는 아무런 소용이 없음을 알게 한다. 십자가는 우리가 갖고 있는 모든 것을 포기하게 만드는 장소로 이끈다.

"갖고 있는 모든 것을 버리라"는 것은 십자가의 종합적인 요구이다. 주님께서는 자신의 귀중한 피로 구원받은 이를 샀다. 그러나 모든 것을 버리는 신자만이 "금생에서는 백 배나 받고 내세에서는 영생"을 받는 것이다. 즉 우리는 우리 자신을 부인하고 버려야 한다. 그렇지 않으면 결국 우리는 우리를 인도한 주님을 배반하게 된다. 성령의 능력으로 우리에게 밝히 드러난 십자가의 예수가 우리에게 있다면, 우리가 지닌 십자가는 주 안에서 사라지고, 우리는 기쁨에 넘쳐서 현 세상의 고난이 장차 나타날 영광과는 족히 비교할 수 없다는 것을 알게 될 것이다.

십자가로의 부름은 주님의 명령이다. 십자가의 요구는 절대적이다. 십자가의 영광은 형언할 수 없는 것이다. 우리가 그 부름에 귀기울이지 않을 수 있겠는가?

13

"십자가의 거치는 것이 그쳤으리니"(갈 5:11).

십자가에 대한 선포

"내가 너희 중에서 예수 그리스도와 그의 십자가에 못박히신 것 외에는 아무 것도 알지 아니하기로 작정하였음이라"(고전 2:2).

성령께서 드러내신 갈보리는 하나님의 아들과 죽어가는 세상에 대해서 보여준다. 이것은 신자에게 십자가에 나타난 열정을 갖도록 만들어준다. 십자가의 열정은 마음속에서 타는 불과 같다. 그래서 갈보리의 인자는 자기 영혼의 산고를 보고자 했고 그 갈망은 만족되었다. 그 갈망은 생명을 통치하는 능력이 되었고, 손실이나 혹은 이익에 대한 개인적인 모든 생각을 삼켜버린다.

그와 같은 열정은 사도 바울의 생활과 말에서 그대로 나타난다. 특히 고린도인들에게 보내는 편지에 인상깊게 드러난다. 그 편지에서 "예수 그리스도와 그의 못박히신 것 외에는 아무 것도 알지 않기로 했다"고 그는 쓰고 있다.

　십자가에 영광을 돌리는 그의 결정은 오늘날 우리가 이해하기 어려운 대단한 겸손이다. 바울의 시대는 십자가가 가장 수치스러운 죄인의 처벌 도구였다. 그래서 십자가는 가장 증오스럽고, 업신여겨지고, 공포스러운 것으로 교수형이라는 말과 함께 연상되었다.

　한 교만한 바리새인이 십자가에 영광을 돌리고, 이상스러운 복음을 부끄러워하지 않게 하기 위해서는 하나님으로부터의 계시가 진정 필요했다. 범죄자의 교수대가 세상을 구원하는 장소가 되다니! 사람들이 바울을 미쳤다고 말하는 것은 전혀 놀라운 일이 아니다. 그럼에도 불구하고 바울은, 예수 그리스도와 그분이 십자가에 못박히신 것 외에는 아무것도 알지 않기로 작정했다고 고린도인들에게 편지를 보낸다.

　고린도 지방은 지적으로는 높이 개화된 곳이지만 도덕적인 면에서는 방탕했다. 철학과 문학은 무르익었지만 죄에 빠져 있었다. 바울은, 왜 고린도인들에게 메시지를 변형하여 인간의 지혜와 지식을 사용하여 복음을 듣도록 해야만 하는가라는 의문을 가지며 고린도의 상황과 시민들에 대해 숙고했음에 틀림없다.

　사도가 인간의 지혜라는 무기를 갖고 고린도인들을 만나기로 결정했을 법도 했다. 왜냐하면 그는 아덴보다 학문적으로 더 뛰어나다는 다소에서 일반 학문을 했고, 예루살렘에서 모든 히브리 율법을 배웠기 때문이다. 게다가 그는 로마 시민이었고 권세 있는 자리를 붙잡을 수 있었다. 바울은 고린도 지방에서 교양 있는 사람들을 만났고 또 그러기를 원했다. 더욱이 민감하고 총명한 사람은 알 듯이, 자신이 인간의 지혜로 그들을 대하지 않으면 그들이 자신에게 무슨 말을 할지도 알았다. 십자가의 메시지는 어리석은 것으로 간주되고 자신도 바보로 여겨지게 될 것이다.

사도는 이 모든 것을 미리 내다보고서도 육적인 무기를 제쳐두고, 못박힌 메시아라는 불유쾌한 메시지를 전하기로 결심한 것이다. 그는 십자가의 도가 하나님의 능력이 되도록 성령께 자신을 온전히 맡긴다. 모든 믿는 자는 자신의 믿음을 인간 지혜의 설득적인 말이나 꾀스러운 말에 두는 것이 아니라 오직 하나님의 능력에 두어야 한다(고전 2:4).

사도의 이러한 결정은 그가 얼마나 절대적으로 자신이 전하는 메시지에 빠져들었는가를 보여준다. 자신의 개인적인 영광을 얼마나 온전하게 치워버린 것인가! 20세기를 사는 오늘날의 우리도 십자가에 대한 이런 전파자들이 필요하다. 사도가 개화된 고린도를 마주친 것처럼, 우리도 비슷한 상황에 있다고 해야 할 것이다.

우리 하나님의 대사들은 육적인 무기를 사용해서 인간의 지혜로 그들을 가르치든지, 아니면 십자가의 메시지에 대해 증인의 역할을 하기 위해서 자기 자신을 하나님의 능력에 헌신하든지를 결정해야 한다. 그리고 이 메시지는 바울의 시대와 마찬가지로 오늘날도 여전히 자연적인 사람에게는 몹시 불유쾌한 것으로 여겨질 것이다.

십자가의 선포

"형제들아 내가…말과 지혜의 아름다운 것으로 아니하였나니…내 말과 내 전도함이 지혜의 권하는 말로 하지 아니하고"(고전 2:1, 4).

사도는 세상에 대한 하나님의 목적을 완수하기 위해서 선택된 하나님의 도구를 설명한다. 하나님은 지혜롭고, 강한 자들을 부끄럽게 하기 위해 어리석고, 약하고, 비천하고, 경멸 받는 자들을 선택하셨다. 그렇다. 하나님께서는 없는 것들을 택하사 있는 것들을 폐하려 하신다.

"형제들아 나는 너희에게 가서 꾀는 말도 하지 않았고 지혜롭게 설득하지도 않았다"고 사도는 쓰고 있다. "멸시를 받는 사람처럼 너희와 함께 있을 때에 약하며, 두려워하며, 심히 떨면서 하나님의 신비만 전했다. 내 말은 하나님의 증거에 의해서 주어졌고 성령의 나타남과 능력으로 된 것이다."

십자가에 대한 선포가 성령에 의해 증거되지 않는다면, 말씀 배후에 성령이 조명하고 깨닫게 하지 않기 때문에 이는 거치는 돌이 될 뿐이다. 육적인 이성은 그 복음을 거부할 것이다. 십자가에 대한 이성의 빛은 인식의 아편노릇을 할 것이고, 사람들은 그 메시지를 물질화시킬 만큼 눈멀 것이다. 그들은 십자가의 외적인 상징만을 찬양하고, 외적인 형태에만 의존하게 될 것이다.

십자가의 대적자 사탄은 사람들이 성령의 능력으로 말미암아 십자가의 진정한 의미를 알지 못한다면, 그들이 십자가의 표지라는 껍데기 아래에서 그의 노예로 붙잡힐 것임을 잘 안다.

"십자가의 도"는 그 자체의 능력의 표명을 위해 인간 지혜의 설득을 필요로 하지 않는다. 사도는 인간의 지혜가 십자가를 전혀 효력이 없게까지 만든다고 말하기도 한다(고전 1:17). 이것이 인간 생명의 필연적인 변화 없이도 그리스도의 죽음에 대해서 인간이 그렇게 많은 지식을 가질 수 있다는 것을 설명하는 것인가?

십자가 설교자에 의해서 헛것이 될 수 있는가? 이 생각은 얼마나 끔찍한 것인가! 성자는 인간을 구원하기 위해 자신의 심령에 죽음을 쏟아부으셨다. 그리고 하나님은 설교자가 십자가를 헛것이 되도록 만드는 것을 금하셨다. 그러나 어떻게 십자가가 선포자의 지혜의 말에 의해 헛것이 될 수 있는가? 인간의 지혜로 권하는 말은 전도자가 예수의 죽음보다도 자신의 언어에 열중할 때 그렇게 되어질 것이다. "언어의 지혜"는 메시지 자체보다 전하는 자를 전적으로 주목하게 만든다. 말하려고 하는 내용보다는 웅변술에, 주인보다는 종에게 주목하게 한다.

갈보리의 메시지가 하나님 아버지께 가장 신선한 주제가 되어야 한다고 공손하게 우리가 말할지라도, 하나님은 아들의 죽음을 전하는 데에 있어서 인간에게 한 점의 영광도 주시지 않는다. 갈보리의 이야기는 비극적인 두려움에 처해 있는, 죽어가는 이 세상에 전해져야 한다. 그리고 성자가 죽는 것을 지켜본 사람들에 의해서 뿌려진 십자가 주변의 꽃들처럼, "설교의 꽃"은 메시지가 된다.

더욱이 이 십자가의 주제는 수사학적이거나 시적인 매력을 풍기지 않는다. 즉 십자가에는 실제적이거나 선언적인 면에서 육신에게 영광을 돌릴 여지가 없다는 것이다.

객관적인 교훈에 있어서, 바울에게서 어떤 상태가 십자가를 효과적으로 전하는 것인지를 볼 수 있다. 갈보리의 메시지는 주님의 못박힘을 전함으로 인해 자신도 기꺼이 못박히려는 사람들에 의해 선포되어야 한다.

십자가가 성령의 증거를 갖고 있고 십자가의 도가 인간에게 보내는 하나님의 힘이라면, 십자가는 십자가의 능력을 알고 있는 사람들에게서 선포되어야 한다. 사도행전에서 우리는 성령이 죽음의 선언과 하나님 아들의 부활에 대해 어떻게 증인이 되셨는지를 본다. 갈보리 곁에 서 있었던 사람은 갈보리를 설교할 수 있다. 부활하신 주님을 보았던 사람은 부활의 증인이 될 수 있다. 그들에게는 이것이 역사적인 사실 이상이며, 어떤 사상이나 혹은 근본적인 진리 그 이상이었다.

"내게는 그리스도가 어제 돌아가신 것처럼 느껴진다"고 마틴 루터는 말했다! 그리스도의 죽음을 오늘날의 십자가 전파자들에게 밝히 드러내는 것이 성령의 특별한 직무이다. 사도에게 그랬던 것처럼 오늘날의 전파자들에게 생생하게 하기 위해서 말이다. 성령은 보냄을 받은 사람들의 눈 앞에 그리스도를 알릴 것이다. 그리고 이 십자가로부터 연유된 열정으로 인간을 찬양하거나 정죄하려는 모든 생각을 물리치게 할 것이다. 상한 마음을 지닌 채로 전파자는 죽어가는 사람들에 대한 유일한 희망으로서 아들의 죽음을 전하게 된다.

그리하여 바울은 "복음을 전하지 않으면 내게 화가 임하리라"고 말할 정도였다. 그는 하나님과 그리고 주님의 관점에서 십자가를 보고 주님 앞에 놓여 있었던 십자가의 수치를 견뎠다. 그는 모든 자부심을 쓸어 내고 십자가를 선포하는 것을 선택했다. 비록 그가 선포하는 십자가가 자신에게 십자가가 되고, 주님처럼 그도 사람들로부터 멸시를 당하고 거부를 당한다고 할지라도 말이다.

십자가의 도

"십자가의 도는…하나님의 능력이라"(고전 1:18).

이 장에서 능력으로 번역되는 헬라 단어는 두나미스인데, 영어의 다이너마이트가 이 단어에서 유래되었다. 사도는 십자가의 도를 하나님의 두나미스 혹은 에너지라고 선포한다. 이것은 잠재되어 있는 능력이 아닌 행동하는 능력을 말한다. 갈보리의 십자가에서 하나님은 버린 바 되고 타락한 이 세상을 구원하시기 위해, 십자가의 도가 하나님의 행동하시는 능력인 것을 받아들이는 모든 이들에게 그 능력을 집중시키셨다. 십자가의 도 배후에는 전능자가 계시다. "내가 들려진 후에 모든 이를 내게로 이끌리라"고 주 예수님은 말씀하셨다.

십자가의 도는 십자가에 대한 말들이 아니라 하나님의 에너지이다. 십자가가 무엇을 의미하는지에 대해서는 숙고하지 않겠다. 그러나 부활하신 주님으로부터 가르침받은 바울이 선포했던 것처럼, 우리는 그리스도의 십자가를 순수하고 깨끗하게 선포해야 한다.

하나님의 종들은 오늘날 진정 신적인 힘이 십자가의 메시지에 있음을 믿는지, 혹은 우리가 하나님을 제한하고 있지는 않은지에 대해 질문해야 할 필요가 있다. 그리고 십자가의 도를 설명하기 위해 여러 다른 말들이 필요한지를 질문해야 할 필요가 있다. 그런데 이 십자가의 도는 지혜로운 창조자가 인간의 마음을 열도록 고안해 낸 참된 열쇠가 아닌가? 누군가 "이것은 자물통에 꼭 맞는 열쇠처럼 내게 맞는다"고 말했다. 십자가의 도는 이교도이든 크리스천이든 모든 인간 가슴에 꼭 들어맞는 열쇠이다.

십자가의 도는 배후에 그리고 그 속에 전능성을 지니고 있다. 십자가의 도가 죄의 짐을 진 죄인뿐만 아니라 구원받은 사람들에게도 하나님의 능력이 되기 때문이다. 이것은 인생의 다방면에서 사람들과 접촉한다. 영적인 성장의 어떠한 단계에 대해서나 필요에 대한 외침에 대해서도 부적절하거나 소모되지 않는다. 십자가의 도는 하나님의 능력이다.

십자가에 대한 적대

"내가 여러 번 너희에게 말하였거니와 이제도 눈물을 흘리며 말하노니 여러 사람들이 그리스도 십자가의 원수로 행하느니라…땅의 일을 생각하는 자라"
(빌 3:18-19).

  이 구절은 갈보리의 메시지를 선포함에 있어서, 그 메시지에 대해 상당한 적대감을 가지고 보는 사람들을 묘사한다. 이들은 십자가의 도에 대한 대적자들이다. 십자가의 적들은 구원되기 전의 장소를 사랑한다. 이러한 땅의 것들을 사랑하는 그들은 자신들이 사랑하는 것들로부터 구출을 제안하는 말씀에 대해 분개한다.

  지성이 십자가에 의해 장애물이 되는 것은 사실이다. 죄인과 구원받은 이들 사이에서, 십자가에 대한 적대감은 여전히 도덕적인 것이다. 이 십자가의 메시지는 죄의 굴레에서 해방되기를 갈망하는 사람과 하나님의 의에 주리고 목마른 사람들에게만 환영받는다.

  십자가의 적! 말의 지혜를 좇는 전도자는 십자가를 선포할 때 십자가를 헛된 것으로 만든다. 외적인 것들을 붙드는 사람들은 세상의 요소들로부터 구별되는 자유의 메시지에서 오히려 "적"을 발견하게 된다. 또한 지상의 것들을 사랑하는 사람은 십자가의 적으로 불리게 된다. 이는 자신들의 생활이 십자가의 목적과 반대되기 때문이다. 아! 이 얼마나 엄숙한 사실인가! 얼마나 끔찍스러운 일인가! 나 자신으로부터 나를 구하기 위해 죽으신 주님의 대적자는 그분의 친구라고 고백하듯이 속삭인다. 그들은 십자가의 전파조차 말의 지혜로 자신에 대한 영광을 구할 뿐 아니라, 이 땅의 것들을 사랑함으로 메시지를 헛되게 하고 있다. 모든 자기탐닉은 실제적으로 그리스도의 십자가에 대한 적인 것이다.

십자가의 재현

"하나님의 아들을 다시 십자가에 못박아 현저히 욕을 보임이라"(히 6:6).

이 장의 문맥은 별문제로 하고, 하나님의 아들이 다시 못박힐 수 있다고 선언한 이 엄숙한 구절은 충분히 주목할 만하다. 이런 일은 주님이 구원한 사람들에 의해서 일어난다. 그들은 이미 생명을 맛본 사람들이다. 주님은 자신의 부름에 순종하는 모든 이들에게 생명을 주기 위해 오셨다.

그리스도는 세상과 사탄의 능력을 통과했다. 이제는 피로 산 사람들만 그 어린양을 다시 못박을 수 있다. 이 말은 성령의 역사함에도 불구하고 성령의 은혜에 반항하여, 자신들이 빠져나왔던 세상의 더러움으로 다시 되돌아가기를 선택한 사람들을 일컫는 말이다. 그들은 산 예수께 심한 수치를 퍼붓는다.

이 경고는 빛의 책임성이라는 성경의 장에 기록되어 있다. 베드로 사도는 의의 도를 안 후에 받은 거룩한 명령을 저버리는 것보다, 알지 못하는 것이 도리어 낫다고 엄숙하게 말한다(벧후 2:20-21).

성령께서 하나님의 모든 자녀에게 십자가의 죽음을 밝혀주시고, 잘못된 데로 무한히 나아가려는 죄의 성질을 갈보리의 빛 가운데서 조명하신다. 그리하여 죄에 대한 반항, 심지어는 죽음에 대한 거절은 현대에 있어서 모든 구원받은 사람들의 표지가 된다. 주님의 피로 산 이들이 이제 죄에게 무릎꿇는 것은 하나님의 아들을 "다시 못박는 것"이고 "다시 속박하는 것"이며 또한 이는 "다시 고문하는 것"이고 "다시 고통을 주는 것"이며 "다시 죽이는 것"이다. 그분은 한 번 죄를 위하여 죽었고 의인으로서 불의한 자를 대신하셨는데, 이는 우리를 하나님께 인도하기 위해서였다(벧전 3:18).

"혹이 그에게 묻기를 네 두 팔 사이에 상처는 어찜이냐 하면 대답하기를 이는 나의 친구 집에서 받은 상처라 하리라"(슥 13:6). 그분이 만약 우리가 주님의 십자가와의 교제에서 뒷걸음치는 것을 보게 되고, 주님이 자유케 하신 심령과 생명의 어떤 요소에 집착을 한다면, 이것은 다시 그분의 상처를 여는 행위이다. 죄를 행하거나 은혜의 성령을 욕되게 하는 것은 언약의 피를 아무것도 아닌 것으로 만드는 것이다.

아 하나님의 자녀여! 죄의 기만성을 조심하라. 마음대로 용서받을 수 있다는 사소한 유혹에 굴복하여, 하나님의 은혜를 당연하게 생각하지 않도록 주의하라. 죄를 "연약"이라는 이름으로 불러서는 안 되며, 실패에 대해 어떤 변명도 있을 수 없다는 것을 명심하라. 그리스도께서 당신을 위해 돌아가셨기 때문에 완전한 승리가 있었다. 그러므로 이제 당신은 주님 앞에서 경건한 두려움을 갖고 살아야 하며 깨끗하지 못한 것을 만져서는 안 되는 것이다.

갈보리 십자가
The Cross of Calvary

14

"…오직 자기 피로 영원한 속죄를 이루사 단번에
성소에 들어가셨느니라"(히 9:12).

보좌 중앙에 있는 어린양

내가 보니 하늘에 열린 문이 있는데…내가 보니 보좌 중앙에…어린양이 섰는데 일찍 죽임을 당한 것 같더라"(계 4:1; 5:6).

요한계시록을 통해서 우리는 파노라마 형태의 다음과 같은 사실을 알게 된다. 주 예수님이 그날에 오셔서 자신을 나타내실 것과 그때에 주님께서 하늘로부터 권능의 천사들과 함께 복음에 순종하지 않은 사람들에게 엄정한 판단을 행하실 것을 말이다. 또한 요한계시록의 서두에서도 계시가 하나님으로부터 아들 예수 그리스도께로 주어졌음을 알게 된다. 반드시 속히 될 일을 그 종들에게 보이시려고 천사들을 종 요한에게 보내 지시하셨다.

영광을 받은 주님은 죽어가는 세상에 하나님의 사랑의 메시지로서 십자가를 선포해야 한다고 바울에게 말씀하셨다. 그러나 이제 주님은 사도 요한에게 나타나셔서 요한이 본 모든 것을 기록하라고 명령하신다. 그에게 밝히 드러낸 것에서 우리는 갈보리에 대한 하늘의 시각과 세상 죄를 짊어지기 위해 십자가에서 죽으신 하나님의 어린양을 거절한 것에 대한 그 영원한 결과를 생생하게 볼 수 있다.

사도 요한은 삼위일체 하나님의 이름으로 일곱 교회에 편지를 보내면서, 서두에 죽은 자들 가운데서 먼저 나신 분으로서 주 예수님에 대해 말한다. 요한은 자기 피를 흘리시기까지 사랑하시고, 죄에 매여 있지 않게 해 주신 주님의 사랑받는 자들에게 편지를 쓴다. 이렇게 주님은 죽으셨지만 그러나 죽은 자들 가운데서 다시 일어나셨다. 그것도 많은 형제들 중에서 첫번째로 일어나셨다. 주님은 베일 안에서 형제들에 대한 예조로서 하늘에 들어가셨다. 그는 구속받은 사람들의 대표로서 그곳에 계신다. 사람들은 분명 첫 아담에 속해 있는 족속으로 났으나, 이제는 주님의 죽음을 통해 그리고 주님과 함께 죽음으로 이제는 하늘의 왕실 족속이 되었다. 그리하여 하나님의 나라의 제사장과 후사가 되어서 그리스도와 함께 유업을 나누게 되었다.

사도 요한은 갈보리의 영광받으신 주님과의 만남을 서술하면서, 주님의 명령에 따라 자신이 받은 말씀을 교회들에게 보내려고 한다. 눈이 불꽃 같은 주님의 발 앞에 요한이 엎드렸을 때, 지상에서 한때 익숙히 들었던 목소리를 듣게 된다. "두려워 말라 나는… 산 자라 내가 전에 죽었었노라 볼지어다 이제 세세토록 살아 있어…"(계 1:17-18).

사도가 본 이 영광의 그리스도는 십자가에서 수치스러운 모습을 하셨던 바로 그 예수님이시다. 주님은 못으로 꿰뚫린 손으로 그를 어루만지신다. 그분은 예루살렘의 다락방에서 보이시던 그 몸이시다. 그 당시에도 부활하셨던 주님은 제자들에게 손과 옆구리를 보이셨는데 이제는 영광 중에 계시다. 제자들은 주님이 하늘로 올라가는 것을 보았는데, 이제 그 하늘이 열렸고 죽으셨던 그분이 사망과 음부의 열쇠를 갖고 영원히 살아 계신다.

교회들을 위해 사도에게 주신 말씀을 보면, 주님은 고난 중에 있는 교회들에게 자신을 죽었다가 다시 사신 자로서 온유하게 말씀하신다(계 2:8). 고난을 겪고 승리하셨던 분으로서 주님은 죽도록 충성하라고, 그리하면 면류관을 받게 된다고 말씀하신다. "자신의 피로 산" 사람들을 위해 주신 말씀에서 보면, 다시 베일이 영광의 주님께로 내려온다. 그러나 그때 하늘에서 문이 열려 사도는 성령에 이끌려 하늘로 이끌려 갔다(계 4:1). 그때 사도는 갈보리의 주님께서 못박힌 손으로 만져 주셔서 힘을 얻게 된다. 주님은 접근할 수 없는 빛 속에서 거하시고 홀로 영생을 소유하셨다. 사도는 전능자이신 주 하나님의 보좌를 보고, 보좌에서 나오는 번개와 음성과 뇌성을 듣는다. 그리고 천상의 생물들이 주님을 둘러싸고서 밤낮으로 창조자와 모든 것의 주인으로 경배드리는 것을 본다. 그리고 계속해서 "거룩하다 거룩하다 거룩하다 주 하나님 곧 전능하신 이여…주께서 만물을 지으신지라 만물이 주의 뜻대로 있었고"(계

4:8-11)라고 말한다.

창조자이신 하나님의 손에 한 책이 있다. 지상 위에 죄악의 잔이 넘치고 있다. 창조자는 은혜의 시대가 끝나고 심판의 시대가 반역자들 위에 도래할 때, 그때가 다 된 것으로 여기기로 결정하셨다. 하늘 곳곳에서는 큰 외침 소리가 들린다. "누가 이 책을 열기에 합당한가?" 천사들이 자신들의 얼굴을 가리고, 거룩하다 거룩하다 거룩하다 천군의 주님이라고 외치는 분 앞에서 그 누가 영원한 목적을 실행하기에 합당할 것인가? 하늘에서도 심지어 하나님의 가장 높은 우두머리 천사 중에서도 합당한 자가 보이지 않는다.

그렇다면 누가 그 책을 열까? 하늘의 수장 천사도 합당하지 않다면, 누구에게 최고의 하나님께 대해 반역하는 세상을 다루는 엄숙한 일을 맡기실 것인가?

요한은 갑자기 하나님 보좌 중앙을 바라본다.

"어린양이 섰는데 일찍 죽임을 당한 것 같더라"(계 5:6).

성부는 아들에게 모든 심판권을 주셨다. 이는 모든 사람으로 아버지를 공경하는 것같이 아들을 공경하게 하려 함이다(요 5:22-23). 죄인들의 속량물로서 생명을 지불한 주님만이 복음에 순종하지 않는 모든 이들을 심판하시기에 홀로 적합하시다(살후 1:8-9).

보좌 중앙에 있는 어린양은 죽임을 당했던 것 같다고 말해진다. 이 희생은 갈보리 십자가 위에서 이루어졌는데, 하늘에 있는 모든 무리들의 눈에 생생하게 새겨졌다. 어린양에게는 일곱 뿔과 일곱 눈이 있는데 이 눈들은 온 땅에 보내심을 받은 하나님의 일곱 영이다. 창조자의 보좌에서는 그 일곱 영은 마치 보좌 앞에 있는 것처럼 잘 보이며, 살해당한 어린양은 그리스도로서 온전한 가운데 거하시며, 그 신성의 완전함이 성부를 기쁘시게 하며, 하늘에서 크게 경배를 받으신다. 그곳에는 성령의 충만이 있다. 능력의 충만, 빛과 비전의 충만이 있다. 죽임당한 어린양에게서 성령이 나와 세상으로 보냄받았다. 성령께서 성부로부터 성자를 통해 나와서, 절망과 죄에 진저리치는 영혼들을 갈보리로 인도하기 위해 보내심을 받은 것이다. 성령은 성자의 죽음의 능력을 모든 사람들에게 미치게 하고 보배피로 사신 주님을 위해 구속받은 이를 사로잡기 위해 이 세상에 오신 것이다.

심판 때의 어린양

"어린양이 나아와서…책을 취하시니라"(계 5:7).

죄많은 인간들을 위해 죽었던 주님께서 못박힌 손으로 그 책을 집어 들었다. 주님이 구원하기를 갈망했던 사람들에게 이 책이 무엇을 의미하는지 그분은 아신다. 하늘에서 구원받은 무리들은 이제 주님이 성부의 뜻을 완수하기 위해 어린양으로 다시 나오시는 것을 응시하면서 찬양했다.

"책을 가지시고 그 인봉을 떼기에 합당하시도다 일찍 죽임을 당하사 각 족속과 방언과 백성과 나라 가운데서 사람들을 피로 사서 하나님께 드리시고"(계 5:9).

만만천천이나 되는 많은 천사들이 노래를 부르며 말하기를, "죽임을 당한 어린양은 합당하시도다 보좌에 앉으신 이와 어린양에게 찬송과 존귀와 영광을 세세토록 돌릴지어다"라고 모든 피조물들이 들을 수 있는 말로 말한다.

사도 요한에게 열려진 하늘에서 우리는 하늘의 관점에서의 갈보리를 볼 수 있다. 지상에서 죽임당한 어린양은 천상에서 큰 존귀를 받고 있다. 못박혔던 주님은 영광의 주님이시다. 갈보리의 어린양으로서 그분은 영광받으시며 하늘의 모든 경배가 그분께 집중된다.

하늘에서 주님의 사역이 모두 드러난 것은 십자가에서의 주님의 희생에 근거를 둔 것임을 보여준다. 주님은 갈보리에서의 정복자로서 십자가에서 이긴 어린양의 신분으로 하늘에 계신다. 이로 인해 주님을 거절했던 세상에 대해 심판하는, 인봉을 떼는 권한이 그분께 주어졌다. 성부는 세상 죄를 속량하셨던 주님의 손에 심판을 맡기셨다.

여기서 우리는 하나님의 관점에서 말할 수조차 없는 죄의 극악무도함을 본다. 또한 사람들의 죄를 위해 하나님께서 제공한 희생을 경시하고 거절하는 죄가 가장 큰 죄인 것을 알게 된다. 죄인을 사랑하고 그들을 위해 죽었던 어린양은 필적할 수 없는 슬픔과 수치를 겪었다. 많은 이의 대속물로서 자신의 생명을 준 그 어린양은 이제 죄많은 세상에 대해 심판의 기원을 열어야 했다. 죄에 대한 불가능성이 의로우신 하나님에 의해 극복되었음을 보여준다.

죄인들을 위해 생명을 내놓은 그리스도는 죄로 파멸된 세상을 위해 은혜의 날을 얻으셨다. 하지만 이제 모든 것이 끝났다. 주님은 반항하는 모든 정사와 권세와 능력을 멸하시고 모든 것을 주님께로 굴복시키시고 그 뒤에 주님도 하나님의 왕국, 곧 성부께 복종하실 것이다(고전 15:24-28).

심판이 떨어질 때, 어느 누구도 지상 위의 공포에 휩싸인 영혼들에게 그들의 핵심적인 죄가 하나님의 못박힌 어린양에 대한 거절이었다고 말할 필요는 없다. 왜냐하면 그들은 본능적으로 창조자뿐만 아니라 "어린양의 진노"에서 숨겨 달라고 산들과 바위들에게 외칠 것이기 때문이다.

아! 누가 상처받은 사랑의 진노의 깊이를 잴 수 있겠는가! 이는 경멸당하고 거부당한 자비의 진노가 아닌가?

지도자로서의 어린양

"보좌 중앙에 계신 어린양이 저희를 인도하시고"(계 7:17).

지상에서 죽임을 당하고 하늘에서 경배를 받은 어린양은 하늘의 존귀만을 누리고, 지상에 대한 심판의 인봉을 떼시는 분이 아니다. 하늘에서 그분은 구속한 다양한 무리의 사람들의 지도자로서 존재하신다. 지상에서 공포에 싸인 이들은 어린양을 상처낸 것을 알지만, 하늘의 구원받은 이들은 자신들이 주님 때문에 그곳에 존재한다는 것을 안다.

생물과 장로들로 묘사된 첫 무리들은 주님이 책을 취해서 첫번째 여섯 인봉을 여는 것을 볼 때, 자신들이 어린양의 피로 인해 하나님의 소유가 되었음을 주저하지 않고 말한다(계 5:9).

나중에 누구도 셀 수 없는 큰 무리로 묘사되는 다른 무리를 보게 되는데, 이들은 각 나라와 족속과 백성과 방언에서 나왔다(계 7:9-17). 이들은 하나님의 보좌 앞에 서서 주님을 밤낮 수종들도록 명령받는다. 보좌에 앉으신 주님은 이들 위에 장막을 치시고 또한 주님의 확실한 현존을 나타내신다.

그들은 어린양의 피에 옷을 씻은 사람들이다. 주님은 앞에 놓인 기쁨을 위해 십자가를 견디시고, 친히 저희들의 목자가 되셔서 그들을 신선한 생명수 샘으로 인도하신다. 그들의 고통은 끝나고 하나님께서 친히 저희 눈에서 모든 눈물을 씻어 주신다. 어린양이 이번에는 확실한 수의 다른 무리의 수장으로 서 있는 것을 다시 한 번 보게 된다. 이들도 또한 지상에서 사람들 가운데 구속을 받았고, 어린양이 어디로 가든지 따라가는 사람으로 묘사된다(계 14:1-4).

용사로서의 어린양

"저희가 어린양으로 더불어 싸우려니와 어린양은 저희를 이기실 터이요"(계 17:14).

인봉이 떼어지고 재앙의 나팔 소리가 불려질 때마다 연이은 심판이 지상에 떨어진다. 하늘에 있는 금단 네 개의 네 뿔에서 한 음성이 나와 신원해 주실 것을 외칠 때까지 극악함은 점점 더 심해진다(계 9:13).

구약에서는 황금단의 뿔들이 놋단에 드려진 희생의 피를 받았고, 이 금뿔들에서 피의 소리가 하나님께 용서해 주시기를 호소했다. 그러나 이제 그 목소리는 심판의 능력을 허락하라고 외친다. 이 말이 함축하는 의미는 하나님께서 정한 죄에 대한 용서의 방법이 지나가고, 사랑으로 인한 고난과 구원이라는 신적인 구조가 이제는 거부되었다는 것을 의미한다. 죄악 속에 있는 인류는 하나님의 화해의 계획에 대항하여 불경스럽게 말하고, 특히 십자가에 대한 적대감에 있어서 그 사악함은 극에 달했다. 그리하여 자비를 간구하기 위한 제단에서는 이제 신원에 대한 호소가 터져나오게 된 것이다.

사탄의 능력의 도구로 역사하는, 반역하는 사람들이 행하는 끔찍한 모습들이 있다. 지도자로서, 이 시대의 천군의 주인으로서 어린양을 다시 볼 때까지 죄악의 분쟁에서 승리하는 모습들이 보인다. 세상의 흉측한 것들은 성자들의 피에 크게 취해 대바벨론의 신비 속에서 정점을 이루었다. 세상 권세의 반란은 수장 자리에 있어, 이제 어린양에게 반역하는 것에 초점을 맞추고 있다.

그러나 십자가에서 죽임당한 어린양은 만주의 주요 왕 중 왕이시다. 갈보리의 승리자로서 주님은 승리를 확신하신다. 마지막 큰 전쟁에서 주님과 함께하는 용사들은 주님께서 특별히 부르고 선택한 신실한 자들이다(계 17:14).

하나님 그리고 "기름부음 받은 분"을 대적하는 모든 것들과 어린양 사이에 있을 마지막 전쟁이 끝난 후에, 하늘에서 많은 물소리 같은 큰 무리의 소리가 들린다.

"주 우리 하나님 곧 전능하신 이가 통치하시도다"(계 19:6).
"그에게 영광을 돌리세 어린양의 혼인이 이르렀도다"(계 19:7).

십자가를 정복한 그리스도는 모든 국가에서 속량자들이 불려 오기를 기다리시고, 이제는 최종적으로 승리하셔서 모든 정사와 능력을 발 밑에 굴복시키셨다. 주님께서 생명을 주신 그 최고의 목적을 완수하실 때가 다가왔다. 그분은 사람들을 사랑하셔서 자기 앞에 영광스러운 그리스도인을 세우고, 티나 주름 잡힌 것들이 없게 하려고 자신을 희생시키셨다(엡 5:25-27). 이제 성도들은 세마포로 밝고 깨끗하게 단장할 수 있게 되었다. 세마포는 바로 성도들의 의로운 행실이다.

한 번 더 하늘이 열리고 불꽃 같은 눈으로 갈보리의 주님이 나오신다. 그분을 따르는 군대는 하얗고 깨끗한 세마포로 된 옷을 입었다. 주님께서는 정복한 세상을 최종적으로 소유하시기 위해 오셔서 통치하신다. 사탄은 일천 년 동안 결박되고, 세상 왕국은 하나님과 그리스도의 왕국이 된다. 사람들 가운데서 구속받아 왕이나 제사장이 된 사람들은 천 년 동안 그리스도와 더불어 통치한다(계 20:1-6).

이 일들이 일어난 후를 사도는 영원 속에서 응시한다. 백 보좌 심판과 최후의 적 파멸, 즉 죽음 너머를 말이다. 사도 요한은 환상 속에서 예비한 것이 신부가 남편을 위하여 단장한 것 같은 신부 도시가 하나님께로부터 내려오는 것을 본다(계 21:2). 첫 하늘과 첫 땅은 지나갔다. 보좌에 앉은 주님은 내가 만물을 새롭게 하겠다고 말씀하신다. 그리고 첫번째 것은 지나갈 것이다. 그렇다면 갈보리는 잊혀지는가? 아니다. 죽으시고 다시 사신 주님의 이름은 여전히 존재하신다.

어린양

그리스도의 여러 모습을 나타내는 모든 다른 이름들은 이제 그의 영광이 가득한 광경 속에서는 더 이상 필요치가 않다. 그 이름들은 모든 이름 위에 뛰어난 바로 이 이름 안에서 통합될 것이다. 성부의 독생하신 자가 이 땅을 방문하여 갈보리 위에 그 빛이 수정처럼 맑고, 아버지의 나라에서 해처럼 빛날 그 생명을 위해 십자가에 내어 놓으셨다. 그 놀라운 시간은 세대를 통해 하늘의 무리 앞에서 대대로 신선하고도 깨끗하게 지켜질 것이다.

세상에서 주님과 함께 시험을 받은 사도들의 이름은 그들이 기독교의 기초를 놓았기 때문에 신부 도시의 초석 위에 새겨진다. 그들은 멸시하고 저주하는 사람들의 면전에서 십자가의 도를 외쳤다. 창세로부터 죽임을 당할 어린양의 생명책에 쓰여 있지 않은 사람은 누구도 신부 도시에서 구원받지 못할 것이다(계 13:8). 주님의 십자가에 영광을 돌리고 그분의 죽음으로 인해 생명을 얻은 이들은 어린양의 모습을 본받은 것이다.

"성 안에 성전을 내가 보지 못하였으니 이는 주 하나님 곧 전능하신 이와 및 그 어린양이 그 성전이심이라…하나님의 영광이 비취고 어린양이 그 등이 되심이라"(계 21:22-23).

"하나님과 그 어린양의 보좌가 그 가운데 있으리니 그의 종들이 그를 섬기며 그의 얼굴을 볼 터이요"(계 22:3-4).

갈보리 십자가

THE CROSS OF CALVARY

1998년 12월 15일 초판 발행
2011년 9월 10일 개정판 2쇄 발행

지은이 | 제시 펜 루이스
옮긴이 | 채 천 석

펴낸곳 | 사) 기독교문서선교회
등록 | 제16~25호(1980. 1. 18)
주소 | 서울시 서초구 방배동 983-2
전화 | 02) 586-8761~3(본사) 031) 923-8762~3(영업부)
팩스 | 02) 523-0131(본사) 031) 923-8761(영업부)
홈페이지 | www.clcbook.com
이메일 | clckor@gmail.com
온라인 | 국민은행 073-01-0379-646, 기업은행 073-000308-04-020
         예금주 : 사) 기독교문서선교회

ISBN 978-89-341-0589-3 (03230)
* 낙장 · 파본은 교환해 드립니다.